ENTRE SAGESSE ET PASSIONS

Les conflits de la morale

« Espaces libres »

ENTRE SAGESSE ET PASSIONS

Les conflits de la morale

Sous la direction d'Alain Houziaux

Albin Michel

Albin Michel
■ *Spiritualités* ■

Collection « Espaces libres »
dirigée par Jean Mouttapa et Marc de Smedt

Première édition :
© *Question de,* 2000

Édition au format de poche :
© Éditions Albin Michel, 2006

Sommaire

Présentation, par Alain Houziaux 11

Le bonheur ou le devoir ? 13

Kant ou l'invention du devoir 15
  par Michel Tournier
Le devoir dans les petites choses 23
  par Gilles Bernheim
Les pièges du devoir 27
  par Alain Houziaux
Table ronde 37

Le désir ou la tendresse ? 43

Je manque donc je suis 45
  par Jacques Attali
Le désir : ce qu'en disent les religions 50
  par Ysé Tardan-Masquelier

Splendeurs et misères du désir............................ 57
   par Éric Fuchs
Que nous chante le Cantique des Cantiques ? 61
   par Alain Houziaux
Table ronde... 74

L'humilité ou l'ambition ?............................ 89

Humilité et ambition, inextricablement
mêlées en politique.. 91
   par Pierre Joxe
Le pharisien et le publicain 97
   par Guy Gilbert
Une affaire de discernement........................ 102
   par Jean-Louis Schlegel
Vraie et fausse humilité,
bonne et mauvaise ambition........................ 118
   par Alain Houziaux
Table ronde... 128

L'indépendance ou l'engagement ?............. 135

Solidaires ou solitaires ?.............................. 137
   par André Gounelle
L'indépendance de l'engagé........................ 157
   par le général de La Presle
Sauver son indépendance en la sacrifiant 165
   par Jean-François Kahn

Sommaire 9

La fidélité, jusqu'où ?
L'indépendance, jusqu'où ?............................ 170
  par *Alain Houziaux*
Table ronde... 178

La réussite ou le renoncement ? 191

Job, le Christ et Simenon.............................. 193
  par *Ghislain Lafont*
Qu'est-ce qu'une vie bonne ? 202
  par *Luc Ferry*
Gare aux renoncements pernicieux !............. 208
  par *Christine Ockrent*
Le christianisme est-il masochiste ?................ 211
  par *Alain Houziaux*
Table ronde... 220

La sagesse ou la passion ?............................. 235

La voie du milieu 237
  par *Marc de Smedt*
Le clair et le trouble de notre ciel intime...... 241
  par *Jacques Lacarrière*
Dieu n'a-t-il pas rendu folle la sagesse
de ce monde ?.. 246
  par *Hubert Bost*

Quand faut-il devenir sage ?
Le plus tard possible !.................................... 257
   par Alain Houziaux
Table ronde.. 270

Conclusion, par Alain Houziaux 281

Présentation des auteurs 293

Présentation

Voici le cinquième volume [1] des actes des conférences de l'Étoile. Ces conférences sont organisées par la paroisse protestante de l'Étoile à Paris, qui fait partie de l'Église réformée de France, la plus importante de la Fédération protestante de France.

Le protestantisme français a toujours voulu être un lieu de débats et de carrefour entre des courants de pensée différents ; ainsi, au début du XXe siècle, entre les libres penseurs et les « libres croyants » (comme on disait à l'époque) et, aujourd'hui, entre les athées, les agnostiques, les juifs, les musulmans, les catholiques et les protestants.

Les conférences de l'Étoile ont pour spécificité d'être des débats entre des points de vue et entre des approches relevant de disciplines différentes. Ces débats ont une valeur pédagogique, car ils permettent de préciser le « nœud » qui est en question et en débat. Réunissant et présentant des opinions

---

1. Voir bibliographie, p. 291.

différentes et même divergentes, ils permettent au lecteur de se faire une opinion, ou de constater que, même après réflexion et information, il n'en a pas !

Le sujet abordé ici est d'actualité puisqu'il s'agit de la morale, ou plus exactement des conflits de la morale[1]. Car rien n'est simple, et bien souvent nous hésitons non pas entre le bien et le mal, mais entre deux conceptions du bien qui s'opposent, ou qui, du moins, sont en tension.

Sur chaque point abordé, un théologien intervient. Le théologien n'a certes pas à régenter la morale. Il intervient comme une voix parmi d'autres.

Merci à tous les conférenciers pour leur participation.

Alain Houziaux

---

[1]. Ces conférences-débats se sont tenues en novembre et décembre 1999, au temple réformé de l'Étoile, 54, avenue de la Grande-Armée, 75017 Paris.

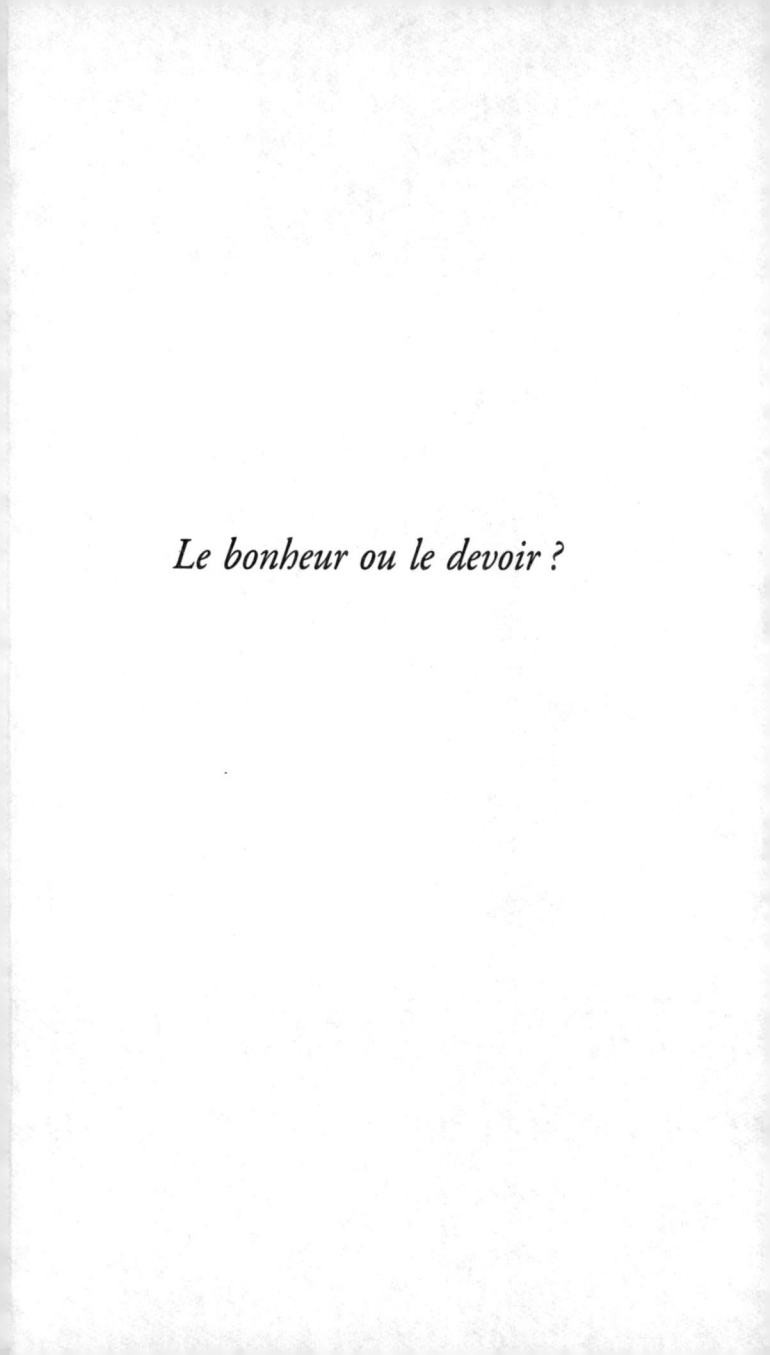

Le bonheur ou le devoir ?

Kant ou l'invention du devoir

par Michel Tournier

Lorsqu'on parle de bonheur et de devoir, bien que ces notions semblent simples, on se rend compte que c'est en fait comme une pyramide de concepts. Il y a à la base la notion de bonheur, très vaste, et, à mesure que l'on monte, la surface se réduit, pour arriver à une pointe suprême qui est le devoir. En route, on rencontre des notions comme la sagesse, la morale...

Le bonheur, c'est d'abord une notion tellement vaste qu'il faut l'aborder de manière quasiment biologique. Les animaux ont droit au bonheur. On conçoit très bien un chien, un chat heureux, ou même une souris, et pourquoi pas une amibe ou un microbe heureux !

En général, les auteurs qui parlent du bonheur ne vont pas dans le sens d'une grande estime de celui-ci. La première citation sur le bonheur de l'être humain, d'Horace, en parle comme d'une médiocrité dorée – *aurea mediocritas*. Ce n'est pas très exaltant ! On voit s'opposer le bonheur à la joie, car celle-ci dérange. C'est Bergson qui en est le meilleur analyste. Il relie la joie à la création, car c'est le retentissement d'un créateur à sa création : toute création est joyeuse, mais toute création dérange. Combien de créateurs ont eu à subir des réactions violentes de leur milieu qu'ils dérangeaient avec leur création ? C'est donc là le contraire du bonheur.

Cette médiocrité dorée, tout le monde la reconnaît. Antoine de Baillif : « Bonheur gît en médiocrité, ne veut ni maître ni valet. » Montaigne : « Le bonheur m'est un singulier aiguillon à la modération et à la modestie. » Fontenelle : « Celui qui veut être heureux se réduit, et se resserre autant qu'il est possible. Il a ces deux caractères : il change peu de place et il en tient peu. » Rousseau : « Un homme vraiment heureux ne parle guère et ne rit guère. Il resserre pour ainsi dire le bonheur autour de son cœur » – voilà donc la notion de frilosité – et il ajoute : « Le bonheur que mon cœur regrette n'est point composé d'instants fugitifs mais un état simple et permanent qui n'a rien de vif en lui-même, mais dont la durée accroît le charme au point d'y trouver enfin la suprême félicité. »

Pour trouver un avis plus exaltant, il faut attendre Restif de la Bretonne, qui voit dans le bonheur un épanouissement personnel voulu par Dieu : « Plus un être est heureux, plus il remplit le but de sa formation, car Dieu l'a fait principalement

Le bonheur ou le devoir ? 17

pour le bonheur. Le bien-être épanouit l'âme, la pénètre et la rend plus reconnaissante envers l'être suprême. Jouissez donc ! »

Victor Hugo, quant à lui, dit ceci de très pénétrant : « Il y a toujours dans le bonheur, même des meilleures gens, un peu d'insolence, aimable, qui défie les autres d'en faire autant. »

On ne peut pas omettre ces mots de Saint-Just : « Le bonheur est une idée neuve en Europe. » Quand on connaît la suite, cela fait réfléchir !

Pour Chateaubriand, « le vrai bonheur coûte peu ; s'il est cher, il n'est pas de bonne espèce ».

Il y a aussi la contestation du bonheur. Ainsi Germaine de Staël : « La gloire est le deuil éclatant du bonheur. »

Il y a l'amour, le plus important. « J'aime bien mieux être malheureuse en vous aimant que de ne vous avoir jamais connu » (*Lettres portugaises*). Ici, c'est l'amour mystique, mais il peut y avoir aussi l'amour profane. On verrait très bien Yseult dire cela à Tristan, car l'amour n'est pas le bonheur, évidemment.

Enfin, il y a aussi la sagesse. Apport de la philosophie gréco-latine, elle est recherche « intelligente » du bonheur. Le sage est celui qui sait mener sa vie, la construire intelligemment dans le sens du bonheur. Deux choses caractérisent la sagesse :

1. Elle est le fait d'une élite. Pour être sage, il faut être intelligent et cultivé. L'homme du commun ne sera jamais sage. Il est la victime de

ses impulsions et de ses instincts ; il se conduit bêtement, et il va être malheureux.

2. Elle est une institution essentiellement intéressée. Il *faut* être heureux. Et pour être heureux, il faut être sage. Si vous n'êtes pas sage, vous le paierez. Nous sommes donc dans un système de punition-récompense.

Quant au devoir, il me semble que ce terme ne convient pas bien dans le cas d'Abraham. L'homme qui obéit à un commandement de Dieu obéit-il à un devoir ?

Pour l'ancien écolier français que je suis, ce terme évoque d'abord Corneille. Le héros cornélien est d'abord un homme de devoir. Mais quel devoir ? Le devoir cornélien est étroitement lié à l'Olympe, au point d'honneur, et il débouche sur le duel. Pour moi, cette notion de devoir est extrêmement douteuse, car le duel est un crime qui a ravagé l'aristocratie française pendant des siècles. Quand, dans *Le Cid*, on dit à ce jeune garçon : « Viens, tu fais ton devoir, et le fils dégénère/Qui survit un moment à l'honneur de son père », on l'invite soit à se faire tuer, soit à tuer ; cette alternative me paraît douteuse.

Dans ce domaine, il y a deux inventions fondamentales, celle de Jean-Jacques Rousseau, puis celle de Kant. On parle souvent des grandes inventions scientifiques, qui sont presque toujours des inventions techniques – la boussole, les vaccins... –,

Le bonheur ou le devoir ? 19

mais on ne dit rien des inventions philosophiques. Une grande invention philosophique entre dans les mœurs et dans les idées au point qu'on ne sait plus que c'est une invention, qu'on croit que cela a toujours existé. Ainsi, Kant, précédé de Jean-Jacques Rousseau, est l'inventeur de la morale et du devoir. Il ne ressemble en rien à ce qui se faisait et se pensait sur le plan éthique avant lui.

La morale inventée par Kant s'oppose à la sagesse telle que je viens de la définir, car elle est valable pour tous les hommes et ne comporte ni récompense ni punition ; elle est totalement gratuite. Kant n'aurait peut-être pas inventé cela sans Jean-Jacques Rousseau. Il n'y a rien de plus passionnant dans l'histoire des idées de l'Occident que la relation Rousseau-Kant. Ils avaient douze ans de différence, Jean-Jacques Rousseau était de 1712 et Kant de 1724. Même pas une génération. Je pense que Rousseau n'a jamais entendu parler de Kant. Mais Kant, qui n'a jamais quitté Kœnigsberg, au fin fond de l'Europe, à une époque où il fallait probablement quinze jours pour aller de Paris à Kœnigsberg, avait un portrait de Jean-Jacques Rousseau dans son bureau. Ce dernier avait inventé l'essentiel de la morale : le savoir moral, qui est le même chez tous les hommes, et ne comporte ni punition ni récompense. Il s'agit de la conscience morale, dont il est question dans toute son œuvre.

« La conscience est la voix de l'âme. Les passions

sont la voix du corps. Est-il étonnant que très souvent ces deux langages se contredisent ? Et alors, lequel faut-il écouter ? Trop souvent la raison nous trompe » (*Émile*). Voilà donc l'anti-sagesse absolue. La sagesse, c'est la raison mise au service de la conduite de la vie. La raison peut nous tromper.

« Nous n'avons que trop acquis le droit de la récuser. Mais la conscience ne trompe jamais. Elle est le vrai guide de l'homme. Elle est à l'âme ce que l'instinct est au corps. » Pour agir moralement, il faut donc écouter sa conscience. Il y a tout de même une sanction, très faible, c'est la mauvaise conscience. Si je n'agis pas selon ce que me dicte ma conscience, j'ai des remords. Il faut avouer que ce n'est pas un bien grave châtiment, pour la plupart des gens en tout cas.

Kant reprend cela. C'est une morale laïque, Dieu n'y est pour rien ; elle est la même pour tous les hommes et gratuite, sans récompense et sans punition, on ne le dira jamais assez ! « De tout ce qu'il est possible de concevoir dans le monde, il n'est rien qui puisse sans restriction être tenu pour bon, si ce n'est la bonne volonté » (*Fondement de la métaphysique des mœurs*). C'est l'œcuménisme total ! Tous les hommes sont capables de bonne volonté pour peu qu'ils écoutent leur conscience.

Avec l'intervention du sublime, qui est aussi une invention de Rousseau, Kant ajoute : « Deux choses remplissent l'esprit d'admiration et de crainte, le ciel étoilé au-dessus de moi, et la morale au fond de mon cœur. » Dans la *Critique du jugement*, plus tard, il expliquera que ces deux choses sont sublimes. Et il établira une opposition entre le sublime et le beau. Le beau n'est pas sublime. Il est équilibrant, rassurant. C'est l'architecture, le visage régulier. Le sublime est un paradoxe incroyable. Il nous remplit à la fois de crainte et d'admiration. C'est ce que nous éprouvons devant la loi morale. C'est la définition même du sentiment religieux : crainte, et même horreur.

On n'a attendu ni Jean-Jacques Rousseau, ni Kant, ni Bernardin de Saint-Pierre pour découvrir le sublime, parce qu'il y avait la tragédie grecque. Les héros tragiques sont sublimes, ils ne sont pas beaux. Œdipe est horrible. Il a assassiné son père, épousé sa mère, il se crève les yeux, et ce visage dégoulinant de sang, c'est l'horreur ! Mais il est grandiose. C'est cela, le sublime : un mélange d'horreur et d'admiration, qui suscite le sentiment très vif de la grandeur.

L'Ancien Testament est empli de cela. La grandeur de YHWH est sublime : elle fait peur, elle est grandiose et horrible d'un certain point de vue, et en même temps elle nous élève et elle est admirable.

Ainsi, si les préromantiques (Rousseau, Bernardin de Saint-Pierre ou Chateaubriand) n'ont pas inventé le sublime du point de vue humain, ils ont cependant inventé le sublime dans la nature, l'idée que le désert, la montagne et l'océan déchaîné par la tempête ne sont pas totalement négatifs pour nous, mais qu'ils sont sublimes, c'est-à-dire qu'ils exaltent notre âme en même temps qu'ils nous font peur.

De même, je trouve admirable que Kant ait eu l'idée de rapprocher ces deux formes du sublime : « Le ciel étoilé au-dessus de moi, et la morale au fond de mon cœur ».

Le devoir
dans les petites choses

par Gilles Bernheim

Dans les siècles passés, le sujet d'aujourd'hui, « bonheur et devoir », n'aurait certainement pas donné lieu à un échange entre un rabbin, le monde chrétien et les hommes d'autres cultures. Très longtemps, les juifs, et particulièrement les pharisiens, ont été accusés d'être esclaves de la lettre, au détriment de la vie, c'est-à-dire de ce que Jean-Jacques Rousseau qualifiait de « délice » : le bonheur.

Aujourd'hui, je souhaite vous expliquer ce que les pharisiens auraient aimé dire, dès la naissance du christianisme, mais qu'ils n'ont soit pas su dire, soit pas pu dire, parce qu'on ne les a pas toujours laissés s'exprimer sur cette chose difficile. La lettre à laquelle le juif pharisien est scrupuleusement attaché donne lieu à l'accomplissement de devoirs, qui sont des obligations dont il ne peut pas se défaire. Les juifs pharisiens sont nourris de commandements bibliques (et rabbiniques). Il y en a six cent treize dans l'Ancien Testament, que nous appelons Torah. Mais l'observance de ces commandements débouche-t-elle sur autre chose qu'un certain sens du devoir, c'est-à-dire de la fidélité à la parole divine et à ses interprètes ? Ou bien cette observance conduit-elle vers une forme de bonheur ? Encore faudrait-il donner à ce terme une signification juste et pertinente.

Je relierai les termes de « devoir » et de « bonheur » en étudiant à titre d'exemple un des six cent treize commandements, et ce afin de déterminer la part de l'un et la part de l'autre.

Qu'il fasse chaud ou froid, avant de boire de l'eau, je récite à voix basse, dans le mouvement des lèvres, une bénédiction. Le Créateur du ciel et de la terre a-t-il besoin d'être remercié en permanence ? Consigne-t-il dans son petit cahier : « Gilles Bernheim, pour la soixante-sixième fois de la journée, m'a remercié, c'est quelqu'un de bien, il mérite d'être récompensé » ? C'est là une vision populaire – sinon populiste – de la religion.

Quel est-il, alors, ce sens du devoir qui consisterait à remercier Dieu, c'est-à-dire à marquer ma fidélité à ce que je crois ? Le texte de la bénédiction laisse entendre que l'eau a été créée par Dieu, qu'elle lui appartient, que donc elle ne m'appartient pas à moi exclusivement. Pour vivre aujourd'hui de un monde où tout s'achète, où tout peut donc m'appartenir, on est souvent tenté d'exclure l'autre de la satisfaction de ses propres besoins, de

Le bonheur ou le devoir ? 25

l'usage de ce que l'on consomme, l'eau par exemple. Ainsi, dire que l'eau appartient à Dieu est une manière de rappeler que l'homme n'est pas le créateur de l'eau, que tous les hommes ont été créés par Dieu selon une même dignité qui doit être respectée par chaque homme. Aucun homme n'est supérieur à un autre. Et la soif que je cherche à assouvir à travers ce verre d'eau appelle de ma part la prise en compte du fait que d'autres hommes peuvent avoir soif, afin de faire un usage juste de cette eau, de sorte qu'aucun être humain ne souffre par le fait que j'aie pu considérer que cette eau était mienne, reléguant par là les autres au second plan.

En récitant cette bénédiction, je suis conscient de n'être pas seul à avoir besoin de cette eau et qu'il m'appartient d'organiser la société de sorte que la satisfaction de mes besoins n'entraîne pas de privation. Réciter cette bénédiction, c'est me souvenir qu'avant de m'approprier quelque chose, je me dois de penser l'organisation de la société dans laquelle je vis, de manière à ce qu'elle soit viable, qu'elle ne débouche pas sur la violence, mais sur une équité où chaque homme sera reconnu dans sa juste dignité, quelles que soient sa croyance et son histoire.

Mon sens du devoir qui me conduit à bénir l'eau ne sanctifie pas l'eau mais l'autre homme, tous les hommes ; ainsi, l'eau n'est pas un motif de conflit entre nous, mais ce qui conditionne le lien social fondateur de toute société.

Bénir, c'est aménager l'idée du *vivre ensemble*.

Bénir, c'est aiguillonner l'esprit humain, l'obliger à ralentir sa consommation, le contraindre à mettre des mots entre la chose et sa bouche ; dans la pulsion qui me fait m'approprier quelque chose, je retarde l'instant de la satisfaction pour penser aux autres.

Je ne suis pas meilleur parce que j'ai récité une bénédiction, je le deviens si, récitant cette bénédiction, j'ai rendu la société plus viable. Le sens du devoir me contraint à penser le bonheur de l'autre, de sorte que mon bonheur immédiat, même lié à la contrainte et au devoir, ne débouche pas sur le malheur de l'autre.

Le Talmud précise que la bénédiction est d'autant plus importante que je la récite en l'absence des autres. Si je bois l'eau sous les yeux des autres, quand il fait chaud, le regard de l'autre est violence et fait pression sur moi. Mais si je récite la bénédiction alors que je me trouve seul, je pense déjà à ce que je vais faire avec l'eau. Il est très important de préparer l'avenir par de tels actes, qui sont liés au devoir et qui échappent à l'autogratification.

Voilà ce qui dans la lettre, c'est-à-dire dans l'accomplissement du devoir, nous oblige à nous projeter dans l'au-delà du devoir, de sorte que l'attention envers notre prochain permette à son bonheur d'être étroitement lié à l'ordre social.

Les pièges du devoir

par Alain Houziaux

Le mot « devoir » fait un peu peur. Il évoque les devoirs d'école, les devoirs envers Dieu, envers son prochain, envers soi-même... Il évoque aussi une forme d'impératif un peu terrible : faire son devoir jusqu'au bout, en silence, sans un cri, sans une plainte.

Mais le mot « bonheur » fait aussi un peu peur. Le bonheur est devenu un devoir (il faut faire du sport, il faut être heureux en amour, il faut être jovial en société...). Il faut tout faire pour être heureux. Et tout faire pour rendre l'autre heureux ! Le bonheur est devenu l'impératif catégorique par excellence.

Le devoir, c'est le devoir !

Faire quelque chose par devoir, c'est le faire même si l'on n'en voit pas l'intérêt, ni pour soi ni pour autrui. Ainsi, par exemple, aller à la messe ou au culte, *par devoir*, pour rien. Selon cette manière de voir les choses, l'ingérence humanitaire et les interventions de l'ONU dans les pays ravagés par des guerres civiles [1] doivent se faire « par devoir » même si l'on a peu d'espoir de les voir utilement aboutir, et peut-être même si cela doit avoir certaines répercussions néfastes. Kant le dit clairement : il faut accomplir son devoir par devoir [2] et non parce que cela pourrait être utile en quoi que ce soit.

De même, Abraham doit accepter de sacrifier son fils Isaac par obéissance et par devoir, même si c'est absurde. Et Kierkegaard se doit d'épouser Régine, puisqu'il lui a promis le mariage, même si cela doit les rendre malheureux pour la vie. Ainsi, c'est incontestable, le devoir a quelque chose à voir avec l'honneur, mais sûrement pas avec le bonheur. Cette conception du devoir pour le devoir a incontestablement sa grandeur stoïque. Cette grandeur, c'est celle de tout ce qui se fait gratuitement, pour rien, au nom d'un principe qui se veut indiscutable, inconditionnel et catégorique. L'Épître aux Hébreux rapproche la foi de cette conception du devoir [3]. La foi, elle aussi, a une forme de

---

1. On se souvient de l'Érythrée.
2. « La plus grande perfection possible de l'homme est de remplir son devoir et de le faire par devoir. Que la loi morale ne soit pas seulement la règle, mais le mobile de l'action » (Kant, *Principes métaphysiques de la morale*).
3. « C'est par la foi qu'Abraham accepta de sacrifier Isaac » (Hébreux 11, 17).

Le bonheur ou le devoir ? 29

grandeur qui lui vient de son caractère hors de question (« je crois parce que je crois ») et quelque peu absurde (*credo quia absurdum*[1]). Et c'est justement à cause de ces points communs entre la foi et le devoir qu'on peut être mal à l'aise pour critiquer une certaine idée du devoir pour le devoir.

Faut-il toujours faire son devoir ?

Et pourtant, il faut oser se poser quelques questions à propos de ce fameux devoir !
– D'abord, qui décide que le devoir est un devoir ? Dans l'exemple d'Abraham tel qu'il est rapporté dans le livre de la Genèse, c'est Dieu. C'est Dieu qui exige qu'Abraham sacrifie son fils. Mais si vous prenez d'autres récits plus tardifs qui racontent la même histoire, ce n'est plus Dieu qui exige le sacrifice, mais Satan ! Curieux, n'est-ce pas ?

Ainsi, le sens du devoir peut devenir une valeur suspecte. Même s'il se réclame de Dieu, il se peut qu'il obéisse au Diable. Le sens du devoir, c'est le mobile qu'invoquait Eichmann pour tenter d'expliquer qu'il avait été conduit à faire un « sale boulot » : exterminer des juifs. La nécessité de faire son

---

1. « Je crois parce que c'est absurde. » Cette affirmation remonte à Tertullien.

devoir, c'est certainement aussi le mobile qu'ont invoqué les Romains et les grands prêtres de Jérusalem lorsqu'ils ont crucifié le Christ. On peut ajouter, même si ce n'est pas du même ordre, que c'est aussi l'exigence qu'invoquent les chefs d'entreprise pour expliquer qu'ils doivent sanctionner et licencier.

– Bien souvent, ceux qui ont le sens du devoir revendiquent des vertus que l'on peut considérer comme ambivalentes, par exemple le courage (pour affûter le couteau qui va tuer Isaac, pour licencier M. Dupont, ce quinquagénaire, il faut certes du courage, mais ce courage-là est-il une vertu ?), ou la fidélité (le fait d'obéir au Seigneur qui exige que vous égorgiez votre fils, c'est certes une forme de fidélité, mais cette fidélité-là est-elle une vertu ?), ou l'honneur (mais l'honneur n'est-il pas une forme de flatterie de l'image de soi ?).

Ainsi, le véritable sacrifice consiste quelquefois à accepter de passer pour un lâche. Et il est souvent infiniment plus difficile à accepter que le « sacrifice » qui consiste à « faire son devoir »[1].

– Même si le devoir que l'on a à accomplir vise au bien, la mise en œuvre de ce « bon » devoir peut se faire par des méthodes condamnables

---

1. Kierkegaard s'est déshonoré en refusant d'épouser Régine. Mais c'est sans doute ainsi qu'il a été le plus fidèle à son amour pour elle. De même Jésus-Christ, en consentant à la mort, a accepté d'être déshonoré et mis au rang des malfaiteurs. Et ce par délit d'amour.

Le bonheur ou le devoir ?

(bombardements de civils, bavures...). Or, non seulement la fin ne justifie pas les moyens, mais les moyens utilisés peuvent disqualifier la fin que l'on poursuit. Il faut renoncer à vouloir faire le bien, et aussi son devoir, si les moyens que l'on emploie pour cela sont par trop pervers.

On se souvient de l'expérience de Milgram[1] qui avait pour but de montrer comment on devient un tortionnaire. Sur cent personnes recrutées au hasard, soixante-quinze acceptèrent d'envoyer des décharges électriques irréversibles sur un enfant de onze ans pour découvrir si ce genre de traitement pouvait ou non l'aider à développer sa mémoire. Si ces messieurs-tout-le-monde se transforment en tortionnaires, ce n'est pas parce qu'ils sont plus vicieux que les autres, mais parce qu'ils ont le sens du devoir : ils sont engagés et payés pour participer à cette expérience scientifique et pédagogique. Derrière eux, un expérimentateur-chef les incite à faire leur devoir jusqu'au bout...

– Dernière remarque : la prétention de vouloir être en règle avec son devoir est un piège et une illusion. Et Jésus la dénonce. Ainsi, lors de sa rencontre avec le jeune homme riche[2], il lui demande de renoncer à tous ses biens, le plaçant dans l'impossibilité d'accomplir ses devoirs religieux : sans

---

1. Elle est relatée dans le film *I comme Icare* avec Yves Montand.
2. Marc 10, 17 *sq*.

argent, le jeune homme ne pourra plus acheter de la nourriture kascher ni les animaux pour les sacrifices[1]... Pourquoi cette exigence de Jésus ? Parce qu'*être en règle avec son devoir, c'est ne plus avoir besoin ni de Dieu ni de son pardon.*

Les conflits de devoirs

Ainsi, on peut se tromper de devoir. Peut-on dire que Jésus s'est trompé de devoir en acceptant de mourir crucifié à trente-trois ans ?[2] Certains pourraient considérer la question comme blasphématoire. Mais on remarquera cependant que si vraiment Jésus avait le pouvoir de guérir les aveugles, de multiplier les pains pour les foules affamées et de ressusciter les morts pour les rendre à

---

1. Le jeune homme énonce qu'il a déjà accompli les devoirs du « cours élémentaire ». Et il demande à Jésus des devoirs de niveau « cours supérieur ». Mais accomplir les devoirs « supérieurs » empêche d'accomplir les devoirs « élémentaires ». C'est là un fait d'expérience. Le fait d'accepter de devenir « médecin sans frontières » à l'autre bout du monde empêche de remplir ses devoirs les plus élémentaires.
2. Cette tentation de faire son devoir autrement qu'en se sacrifiant, Jésus l'a d'ailleurs connue et éprouvée. C'est la tentation que lui ont proposée successivement Satan (changer les pierres en pains et devenir le Seigneur du monde), Pierre (en lui demandant de renoncer au chemin du Calvaire) et même les soldats assemblés autour de la Croix (« Si tu es le Fils de Dieu, descends de la Croix »).

Le bonheur ou le devoir ?

l'affection de leurs proches, il aurait pu considérer que son devoir était de le faire quelques dizaines d'années de plus.

On le voit, rien n'est simple. Un devoir peut en cacher un autre. Et le devoir n'est pas toujours là où on le suppose. Comment choisir entre deux devoirs qui s'imposent l'un et l'autre ?

C'est là un problème vraiment difficile. Et de multiples théologiens ont dressé des casuistiques très savantes pour tenter de résoudre ces conflits de devoirs et de valeurs.

Je propose quelques pistes :

– L'exemple de Jésus : entre deux devoirs, le vrai devoir, c'est celui qui flatte le moins notre amour-propre. Si Jésus avait continué à guérir les malades jusqu'à quatre-vingts ans passés, il en aurait sûrement retiré quelque gloire. Mais en acceptant d'être crucifié, il s'est disqualifié. « Il a été mis au rang des malfaiteurs » et des blasphémateurs.

– L'exemple du Bon Samaritain[1] : selon les exigences de sa religion, le Samaritain, tout comme le prêtre et le lévite, aurait dû passer outre et ne pas secourir le blessé puisque celui-ci avait la double tare d'être juif et donc infréquentable par un Samaritain[2], et d'être à demi mort et donc impur.

---

1. Luc 10, 29 *sq*.
2. Les Samaritains ne doivent pas avoir de relations avec les juifs, *cf.* Jean 4, 9.

Le Samaritain choisit de ne pas faire de casuistique. Le prochain est là, tout près, devant lui. Son choix est celui du bon sens, de la naïveté, de la proximité du prochain. Le devoir, c'est refuser toute spéculation sur ce qu'est le devoir pour faire ce qui est là, immédiatement à votre portée. C'est pourquoi Abraham, au lieu de se transformer en héros du devoir tragique, aurait dû tout simplement ressentir ce que lui dictait l'élan du cœur.

– L'exemple de saint Hubert : au moment où il va tirer sur un cerf, saint Hubert voit la Croix du Crucifié entre ses bois ; il baisse son arme. De même, au moment où l'on s'apprête peut-être à porter un coup à quelqu'un, à le juger, à le condamner, à le martyriser (même si on en a le droit, même si on en a le devoir), il nous faut voir en lui le Crucifié.

Le devoir et le bonheur

Une idée simple et vertueuse continue à animer beaucoup d'entre nous. On suppose que si l'on accomplit vertueusement tous ses devoirs vis-à-vis d'autrui, par exemple ses enfants ou son conjoint, on ne peut que les rendre heureux. Et qu'on finira par se rendre soi-même heureux. Hélas, il n'en est rien ! Même si je fais les sacrifices les plus vertueux, cela ne garantit pas que je puisse rendre l'autre heureux et cela ne me tiendra jamais lieu d'amour[1].

C'est vrai, il y a là quelque chose d'attristant et même de désespérant. Car cela veut dire que l'effort, la vertu et le sacrifice ne peuvent pas tout. Ils ne peuvent remplacer l'amour. C'est bien dommage, car si l'effort et la bonne volonté sont en notre pouvoir, l'amour, lui, ne se commande pas.

Mais il y a là, aussi, quelque chose de profondément réconfortant : le bonheur est indépendant du devoir. Ainsi, on peut rendre son prochain heureux même si l'on n'est pas parfait et même si l'on n'a pas une aptitude forcenée au sacrifice et au devoir. Et on peut aussi être heureux même si l'on est pas en règle avec ses devoirs.

Alors, qu'est-ce qui rend heureux ? Les Béatitudes ne disent pas : Heureux les vertueux et les gens de devoir, mais : « Heureux les miséricordieux », c'est-à-dire ceux qui savent aimer et pardonner ; à ceux-là le bonheur est promis. Ainsi qu'à ceux qui se savent aimés et pardonnés. Notre prochain sera heureux avec nous, et nous avec notre prochain, non pas si nous faisons par devoir notre devoir à son égard, mais si nous nous savons l'un et l'autre, et l'un vis-à-vis de l'autre, des pécheurs pardonnés.

C'est là l'enseignement profondément humain

---

[1]. Ainsi, les sacrifices les plus vertueux ne déboucheront pas sur l'amour si on n'a pas l'amour. I Corinthiens, 13, le dit clairement.

et libérateur de Jésus. Lorsqu'il rencontre la femme pécheresse[1], il dit en constatant l'amour qu'elle manifeste et aussi le bonheur qu'elle exprime : « C'est le fait qu'elle manifeste beaucoup d'amour qui montre qu'elle sait que ses péchés lui sont pardonnés. » Jésus a bien raison. Ce n'est que lorsqu'on se sent pardonné que l'on peut avoir la liberté d'aimer et l'aptitude à aimer. Et ce n'est que lorsqu'on se sent inconditionnellement accepté tel que l'on est que l'on peut connaître le bonheur.

Être heureux, c'est se savoir pardonné, c'est-à-dire accepté tel que l'on est.

---

1. Luc 7, 47.

Table ronde

Quelle différence entre le devoir, l'obéissance à la loi laïque et l'obéissance à Dieu ?

MICHEL TOURNIER : Pour moi, cette différence réside dans la *vocation*. L'obéissance à Dieu est d'abord un appel. Dans l'Ancien Testament, lorsqu'un brave homme apprend qu'il est appelé par YHWH à être prophète, il prend peur et fait des objections. Même Moïse dit : « Je n'ai pas la parole facile. » La vocation est un principe qui construit toute une vie. Cela peut être horrible, si on a par exemple la vocation de bourreau ou de destructeur, mais j'ai plutôt tendance à donner à ce mot une valeur positive. La vocation fait que la vie qui se déroule dans le temps aboutit à quelque chose de positif, qui a été lentement accumulé.

Jésus s'est-il trompé de devoir en acceptant de mourir sur la croix à trente-trois ans ?

GILLES BERNHEIM : La mort de Jésus, même si elle reste étrangère à mon esprit pharisien, ne me gêne pas sur le plan philosophique. Si, en revanche, la crucifixion débouche sur la prise en compte d'un plus de vie pour chaque homme qui croit en Jésus pour fonder sa loi, alors, en tant que juif, je dirai que j'en suis heureux. Si la crucifixion débouche sur la prise en compte d'une souffrance fondatrice d'un ordre social, alors je sais que c'est celui qui récusera cette crucifixion qui sera la première victime du retour de l'histoire. Et cela ne peut être que mauvais pour un juif. Il est évident qu'une religion fondée sur la vie épouse le verset du Deutéronome : « Et tu choisiras la vie afin que tu vives, toi et ta descendance. » Cela veut dire que si Jésus est mort, il a choisi dans la mort l'idée qu'après lui, d'autres, par son exemple, puissent vivre, non pas mourir, car il n'a jamais voulu que la mort d'un homme puisse être justifiée par la souffrance du Christ.

Y a-t-il un devoir d'être heureux ?

M. T. : Oui. Je crois que, pour les autres, pour l'exemple, pour la contagion, pour le rayonnement, pour le bonheur des autres, nous avons le devoir, chacun, d'être heureux.

G. B. : Le Talmud apporte un élément de réponse à cette question. Il dit que la religion qui rend les gens heureux est d'abord une religion qui a le sens de la dérision, où ceux qui la pratiquent ont le sens de l'humour. En étant capables de rire d'eux-mêmes, ils élargissent les frontières du moi.

Lorsque nous n'avons plus de parents, ou de maîtres pour nous consoler, et nous renvoyer une image heureuse de nous-mêmes, il nous faut apprendre à rire, c'est-à-dire à être heureux tout seuls ; c'est cela, une religion adulte.

L'obsession du bonheur ne serait-elle pas sans espoir, conduisant au désespoir ?

G. B. : L'obsession du bonheur conduit-elle au malheur sans fin ?... Cette question évoque pour moi l'usage que certains font de l'argent. Plus ils en gagnent, plus ils ont besoin d'en gagner. L'argent n'a pas de limites. Le Talmud enseigne que l'argent peut créer, chez certaines personnes, l'illusion qu'ils sont immortels. Ils se créent des besoins infinis, qui font qu'ils échappent à cette idée toute simple que l'argent sert à satisfaire les besoins du corps. Si on gagne beaucoup d'argent, on perd le lien entre argent et besoin à satisfaire, et on s'inscrit dans une espèce d'infini des besoins, comme si l'être avait d'infinis besoins, pour le faire échapper à sa finitude et le rendre immortel. Peut-être le fait de chercher à gagner toujours plus d'argent correspond-il à une certaine peur de la mort ?

En revanche, si quelqu'un s'est endetté en devant payer des intérêts au prêteur, si vous l'enfermez dans l'infini du remboursement de son prêt, l'emprunteur est obligé de travailler toute sa vie pour payer ses dettes. Il ne pourra jamais relever la tête, il ne peut aspirer à un avenir différent de celui qui le contraint chaque jour de sa vie, il est prisonnier de son passé ; il n'est pas libre moralement. La liberté morale, c'est en effet la possibilité de penser un lendemain différent du jour d'aujourd'hui. Cela explique peut-être l'interdit du prêt à intérêt évoqué dans la Bible. Dans le texte hébreu, le fait de pouvoir aspirer à un avenir différent, cela s'appelle *pouvoir se repentir*, c'est savoir que demain, le poids du passé ne m'empêchera pas d'aspirer à l'avenir.

Au lieu de parler de devoirs des hommes envers Dieu, ne faudrait-il pas aussi envisager qu'il puisse y avoir un devoir de Dieu envers les hommes ?

ALAIN HOUZIAUX : Ce n'est pas un blasphème que d'imputer à Dieu des devoirs, ni de dire qu'Il n'accomplit pas son devoir. Job a commencé à faire un procès à Dieu qui ne se montrait pas digne de Son Nom. Jésus-Christ a aussi posé la question à Dieu : « Pourquoi m'as-Tu abandonné ? »

Nous sommes ici sans l'avoir voulu, sans l'avoir choisi. Si Dieu nous a mis au monde, Il a des devoirs envers nous, au moins par rapport à la « faute » qu'il a commise de nous avoir mis au

Le bonheur ou le devoir ?

monde, et dans un état pécheur. Comment répare-t-Il cette « faute » ? La théologie biblique dit qu'Il le fait en essayant de nous libérer de tous nos esclavages. Ainsi, lorsque Dieu a fait sortir le peuple d'Israël d'Égypte, Il n'a fait que son devoir... ! La tradition de la Kabbale juive a vu une autre manière pour Dieu de faire Son devoir, c'est de disparaître, un peu de la même manière qu'un père, pour permettre la liberté de son enfant, doit s'absenter et disparaître. On parle alors de la kénose de Dieu, son autoanéantissement, pour laisser les hommes et le monde libres et autonomes. Ainsi, nous pouvons devenir majeurs.

Une autre manière de concevoir le devoir de Dieu : nous aimer, nous pardonner, nous faire grâce, être pour nous miséricordieux. Il ne fait là que son devoir, c'est la moindre des choses. De même qu'un père ne peut qu'être miséricordieux vis-à-vis de son enfant auquel il a donné et, peut-être, infligé la vie.

Qu'en est-il des conflits entre bonheur et devoir, et de la casuistique, c'est-à-dire des conflits entre plusieurs devoirs ?

M. T. : La vocation définit le devoir prioritaire, celui qui l'emporte sur tous les autres.

G. B. : Si je devais qualifier l'enjeu du non-sacrifice d'Isaac, je dirais qu'arrive un moment de la vie où il faut savoir que vivre, c'est perdre. C'est lorsque l'on a pris conscience de la perte de l'essentiel que l'on peut se préparer à mourir, c'est-à-dire faire le bilan de sa vie. Apprendre à faire le deuil d'une vie. Dieu n'a pas demandé à Abraham de tuer son fils, il lui a demandé de se dessaisir de sa part la meilleure pour qu'il accède à l'âge adulte. Dans la montée du mont Moria, lorsqu'il est question d'un sacrifice animal, c'est d'un agneau qu'il s'agit, et qu'au moment crucial où se dénoue l'épreuve, il n'est plus question d'un agneau mais d'un bélier. Sacrifier son fils, c'est sacrifier la part jeune qui est en l'autre ; sacrifier le bélier, c'est sacrifier la part vieille qui est en soi.

A. H. : La question du sacrifice d'Isaac pose aussi une autre question, dramatique. Il y a sans doute un devoir de faire le bien, mais y a-t-il aussi un devoir de faire ce qui est mal ? C'est tout le problème que pose l'éthique dite de responsabilité, qui accepte, et même exige, qu'il y ait du gâchis.

Peut-on aussi dire que certaines missions (celle d'hommes politiques, de chefs d'entreprise, ou d'artistes) sont telles que l'exercice de cette mission justifie le sacrifice d'un Isaac, celui de la vie familiale ? Les génies ont souvent eu un souffre-douleur, une part maudite ; je pense à Beethoven dont le neveu était aussi un peu le souffre-douleur. Est-ce un devoir de l'accepter ?

Le désir ou la tendresse ?

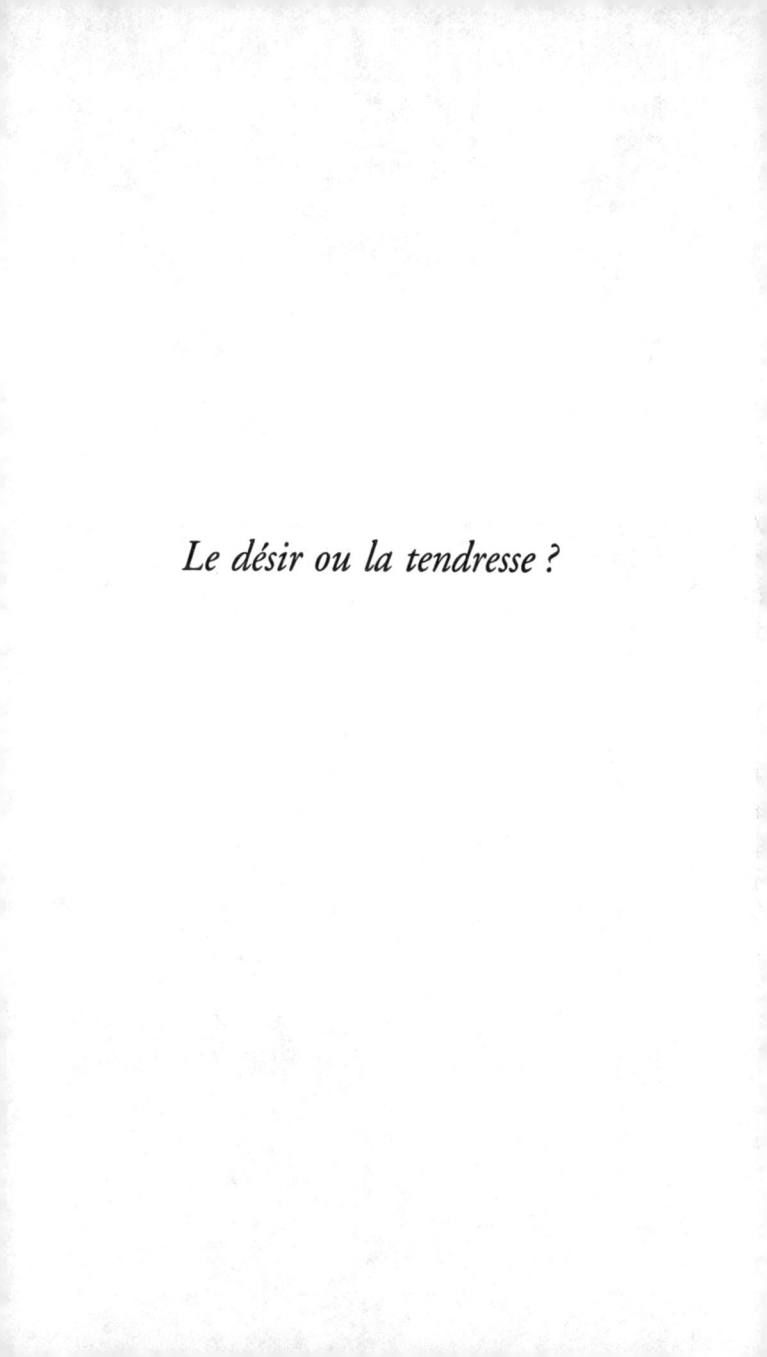

Je manque
donc je suis

par Jacques Attali

À propos du désir, voyons d'abord Pascal : « La nature nous rendant toujours malheureux en tous états, nos désirs nous figurent en l'état heureux, parce qu'ils joignent à l'état où nous sommes les plaisirs de l'état où nous ne sommes pas. Et quand nous arriverions à ces plaisirs, nous ne serions pas heureux pour cela parce que nous aurions d'autres désirs conformes à ce nouvel état. »

Ce texte se trouve, dans le classement moderne, entre deux des *Pensées* les plus importantes : « Les hommes n'ayant pu guérir la mort, la misère, l'ignorance, se sont avisés pour se rendre heureux de n'y point penser » et : « Qu'on s'imagine un nombre d'hommes dans les chaînes, tous condamnés à mort, dont les uns seraient chaque jour égorgés à la vue des autres. Ceux qui restent voient leur propre condition dans celle de leurs semblables, et se regardant les uns les autres avec douleur et sans espérance attendent leur tour : c'est l'image de la condition des hommes ».

Ainsi, Pascal parle du désir comme d'un manque. Entre désir et tendresse, il y a cette contradiction entre un manque et ce qui vient remplir un manque. D'ailleurs, le mot « désir » vient du latin *desiderare*, qui signifie « regretter l'absence de ». On trouve toujours dans toutes les dimensions du mot « désir » cette idée d'un manque appelant à être comblé.

Le désir ne tend pas toujours vers un être, il peut aussi se diriger vers un objet. Il n'est pas que sexuel, mais volonté d'avoir, d'obtenir. On le trouve, par exemple, dans le désir d'être reconnu par les autres. Au sujet des femmes, Proust écrit : « Chacune recèle quelque chose qui n'est pas dans une autre, et qui empêchera que nous puissions nous contenter avec ses pareilles, et contenter ainsi le désir qu'elle a fait naître en nous. »

Il y a aussi le désir religieux. Claudel écrit : « Il est recommandé aux chrétiens de désirer le ciel, et ce désir, comme tout autre, doit intéresser non pas l'homme en tant que tel, mais l'être tout entier, qui est fait de l'âme avec un corps. »

Pour Henri Lefebvre, « le désir n'est pas, il veut. Il se veut, il veut sa propre disparition, dans un éclair de jouissance ». Le désir meurt : il est construit pour n'avoir d'existence que dans la pulsion de sa mort. Il tue : toutes les traditions des textes sacrés nous enseignent qu'il n'y a pas de désir hors de la rivalité. René Girard a ainsi montré que tout désir est triangulaire, fondé sur la volonté d'obtenir ce qu'un autre désire.

Ce n'est pas un hasard si la fraternité ne commence pas avec les frères, mais se termine avec les frères : les frères étant les plus semblables, ils ne peuvent pas être en situation d'accepter l'autre. Leurs désirs sont plus proches que ceux des autres hommes, puisqu'ils se ressemblent plus ; aussi la violence entre frères est-elle plus probable qu'entre les non-frères. La Bible n'a de cesse de nous dire qu'il faut se méfier du frère. L'ère messianique adviendra quand tous les hommes – y compris ceux pour qui c'est plus difficile, les frères – accepteront que leur désir ne soit plus mimétique.

Cette menace de tuer dans le désir est en même temps une promesse de renaissance permanente. Le désir est à la source de la naissance, par exemple. Et l'enfant né du viol n'est pas moins un être humain que l'enfant né de la tendresse.

L'économie, aujourd'hui, est essentiellement fondée sur la production de désir et ancrée dans la production de rivalité. La société économique moderne consiste à produire du désir, donc du manque, et à canaliser ce manque vers la demande marchande.

La tendresse

On pourrait dire que la tendresse est l'inverse du désir. Le mot vient d'un terme qui désigne l'enfance, et renvoie à l'idée de donner, d'aller vers l'autre. A priori, on parle de tendresse au sujet des hommes – peut-être existe-t-il une tendresse animale ? Peut-être y a-t-il aussi une tendresse marchande, qui masquerait une sexualité marchande : dans cette sorte de carnaval, nul ne sait si celui qui trompe l'autre n'est pas en fait plus trompé que celui qui désire l'être. Tendresse marchande véhiculée par la publicité, aussi, quand celle-ci nous dit : « Achetez cet objet, il vous aime. »

Généralement, on peut toutefois espérer que la tendresse se trouve plutôt en dehors du marché, et qu'elle s'adresse à ce qui est le plus subversif dans la société marchande : occuper son temps à autre chose que combler des manques par l'accumulation d'objets.

On peut penser que la tendresse est la valeur la plus universelle de la société utopique ; Shakespeare le dit dans un très joli texte où il fait dire à Macbeth que l'idéal de la société serait de pouvoir boire le lait de la tendresse humaine.

Tendresse et désir ne sont pas contradictoires

D'abord, parce que la tendresse se nourrit du désir. Dans un des plus beaux livres d'histoire du désir, *Manon Lescaut*, on trouve cette phrase : « Vous me revoyez telle que vous me laissâtes il y a quatre mois, toujours tendre et toujours malheureuse par cette fatale tendresse dans laquelle je ne me lasse pas de chercher et de désirer mon bonheur. »

Dans une société idéale, le désir serait remplacé par la tendresse, et le désir ne serait qu'un des chemins de tendresse, comme on parle de chemin de sagesse, en sachant qu'il y aurait d'autres chemins de tendresse possibles.

On pourrait rêver d'une société où il y aurait un devoir de tendresse. Mais on ne peut pas se forcer à la tendresse. On peut s'ouvrir à certaines dimensions de la tendresse telles que la considération, le respect de la personne humaine, de la dignité de l'autre. Ce serait un devoir de fraternité, mais qui ne va pas jusqu'à ce que la tendresse implique de personnel et d'intime.

S'il y a désir de tendresse, c'est aussi pour qu'un jour quelqu'un ait envie d'en faire autant avec vous. C'est donc encore le reflet d'un manque, et d'une demande. Mais si le désir de tendresse est manque, c'est peut-être parce que le manque est la seule preuve qu'on existe... L'humanité ne trouverait donc son existence que dans un désir de désir. C'est un peu ce que dit Pascal : « Nous souhaitons la vérité, et ne trouvons en nous qu'incertitude, nous cherchons le bonheur et ne trouvons que misère et mort. Nous sommes incapables de ne pas souhaiter la vérité et le bonheur et sommes incapables ni de certitude ni de bonheur. Ce désir nous est laissé, tant pour nous punir que pour nous faire sentir d'où nous sommes tombés. »

Le désir :
ce qu'en disent les religions

par Ysé Tardan-Masquelier

J'ai choisi de parler du désir plutôt que de la tendresse parce qu'il m'a semblé que c'est lui qui fait problème : en effet, à partir du moment où le désir est ajusté à la vie intérieure, la tendresse vient de soi, comme attitude équilibrée d'ouverture à l'autre. Les textes religieux que j'ai voulu citer ici illustreront les richesses profondes que les religions reconnaissent au désir, même si un certain moralisme religieux en dénonce surtout les pièges et le présente comme un facteur de désordre et de tentation. Enfin, dans une perspective comparatiste, je me suis efforcée de toucher à un universel anthropologique de l'expérience du désir.

Le désir en amont de l'humain

Le désir précède l'homme ; l'homme, venant au monde, soit comme espèce (dans les récits de création), soit comme individu (au cours de l'histoire déjà constituée) le trouve toujours déjà là.

Un vieil hymne védique composé avant le premier millénaire avant Jésus-Christ dit bien ce mystère originaire du désir : « Le non-être n'existait pas, ni l'être ; ce monde-ci n'existait pas, ni l'autre qui est au-delà... Il n'y avait alors ni la Mort ni la Vie ; ni partage entre le Jour et la Nuit... Il n'y avait que l'Eau indistincte... Au commencement, Cela qui était la semence première de la Pensée se mua en Désir[1]. » Alors seulement quelque chose peut naître ; le désir autogène rend fécondes les eaux stériles, et une « matrice d'or » se forme dans leurs profondeurs, puis flotte pendant une première année cosmique, au terme de laquelle elle se déchire, donnant naissance au Créateur.

De même pouvons-nous dire que si, selon la Genèse biblique, il y a quelque chose plutôt que rien, c'est bien que Dieu a désiré poser de l'autre face à lui : un cosmos, un être humain, un homme et une femme, pour entrer en dialogue avec eux. C'est là l'origine de l'homme, qui est antérieure à lui.

Chez les Grecs, *La Théogonie* d'Hésiode joue le rôle de texte-source pour la connaissance des origines. Or Hésiode affirme que seules trois divinités sont autogènes : Chaos, la béance primordiale ; Gaïa, la Terre ; Éros, le Désir. Lorsque,

---

1. Rig Veda X, 129, 1-4.

dans *Le Banquet* de Platon – sous-titré « Discours sur l'Amour » –, Socrate demande à ses disciples de faire chacun l'éloge d'Éros, Phèdre répond que ce qu'Éros a de plus remarquable est de n'avoir « ni père ni mère ».

Dans cette perspective traditionnelle, l'homme est toujours second (et cela le différencie profondément de son successeur moderne qui rêve de ne se devoir qu'à lui-même). L'origine de l'homme lui est à jamais interdite, inaccessible, mais le désir en est la trace. C'est pourquoi il est si souvent lié à la nostalgie des origines, à la réminiscence platonicienne, ou à l'anamnèse de type plus mystique.

Le désir en aval de l'humain

Nous adoptons, pour affronter la vie, une certaine posture, spécifique à chacun, centrée sur le moi. Le désir décentre constamment cette position, il la déséquilibre dans un mouvement « vers l'avant ». Constituant l'homme comme un être manquant, il en fait aussi un être « en tension vers », « appelé à ». Dans cette trouée, de l'*autre* peut advenir.

Les religions ont exprimé cela de multiples manières. Ainsi, l'itinérance (contrairement à l'errance, qui n'est pas en tension, pas orientée) manifeste le statut de l'humain passant, pérégrinant, pèlerin. C'est le « mouvement d'allant-devenant » cher à Françoise Dolto. Ainsi encore, la promesse, parole ouverte, tient pour réel le désir humain tout en le maintenant dans une attente féconde qui l'approfondit. Une scène très populaire dans le christianisme l'illustre parfaitement : on se souvient que le Christ est crucifié entre deux criminels, que la tradition nomme le « bon » et le « mauvais » larron. On peut se demander ce qui fait un « bon » larron si ce n'est son désir de salut, sa capacité à demander à Jésus de l'introduire dans son paradis. Et, conséquemment, la promesse de Jésus qui reconnaît, au-delà du criminel, le noyau intact de l'homme désirant.

Les religions ont senti, plus ou moins clairement, que, par le désir, c'est autre chose que la chose à posséder qui est toujours visé, même aveuglément. Par le désir, un objet est visé, mais celui-ci n'est jamais que le signe d'un autre inaccessible, qui renvoie le sujet à son manque : « Toutes choses me sont trop étroites ; vers un incréé j'ai étendu ma saisie », dit Hadewijch d'Anvers... Cela implique que, dans la puissance du désir, gît la capacité de symbolisation. On déboucherait ici sur les rapports du désir et de la parole, ce qui nous mènerait très loin.

Simplement, pour revenir au *Banquet*, Aristophane exprime admirablement dans son discours sur Éros cette capacité de symbolisation. Il choisit de partir du mythe des androgynes originels que Zeus a séparés en deux moitiés, homme et femme :

« Chacun de nous, ajoute-t-il, est comme une tessère d'hospitalité... Chacun cherche sa moitié. » Pour saisir la saveur de cette remarque, il faut rappeler que la tessère d'hospitalité venait sceller un contrat d'amitié entre un citoyen grec et un hôte étranger ; que, selon un vieux rite, les deux parties se partageaient un tesson de poterie, dont elles gardaient chacune une moitié, à titre de reconnaissance future. À ce signe, les Grecs ont donné le nom de *symbolon*, qui a donné notre mot « symbole ». Ainsi le désir est-il senti comme la trace d'une unité originelle perdue, et l'être désirant tend-il continûment à sa réunion avec son autre.

Le véritable être religieux est un être de désir

« Ne te refuse pas le bonheur présent. Ne laisse rien échapper d'un légitime désir », dit le Siracide 14, 14. Qu'en est-il d'un désir « légitime » ? Un désir qui a rencontré sa limite, chez un être qui a consenti à ne pas être tout ? Un être capable de renoncement ? Mais là, toutes sortes de malentendus nous guettent. Le renoncement, lorsque les religions en parlent de manière authentique, n'a pourtant rien d'un masochisme stérile. Il ne tue pas le désir, il fait seulement comprendre qu'une certaine forme de dessaisissement de soi est inévitable. Pour qu'il y ait donation effective de la part d'un pôle divin, encore faut-il que la réception soit possible de la part de l'humain. Accepter de recevoir consiste alors à se placer dans une position d'ouverture, d'attente, de passivité – les mystiques disent même : de béance. Or comment un être qui se croit complet par la force imaginaire d'un désir non limité pourrait-il recevoir ?

Revenons une dernière fois aux androgynes du *Banquet* : Zeus, maître de la Loi depuis qu'il a épousé la grande déesse Thémis, les a coupés en deux pour les affaiblir, car ils étaient devenus si puissants qu'ils escaladaient le ciel. C'est à ce fantasme de totalité et de surpuissance que le maître de l'Olympe met un terme, par une opération que les psychanalystes nous ont habitués à appeler la « castration symbolique ».

Lorsque le renoncement à être tout devient une attitude consentie, il n'amortit pas le désir ; au contraire, il le fait rebondir par la compréhension consciente que le manque, en l'homme, est la possibilité de la rencontre, et plus encore de la réception de la grâce. Les poètes aussi bien que les mystiques témoignent que celui qui a renoncé de cette manière-là demeure ardent. « Malheur à ceux qui se contentent de peu », disait Henri Michaux. Et Claudel rappelle, dans la préface de *Partage de midi*, que le commandement, pour lui, le plus important de la Bible est : « Tu aimeras le Seigneur Dieu de tout ton cœur, de toute ton âme et de toutes tes forces. » Chez certains, ajoute-t-il, « qu'y faire ? [Il est inscrit] en traits de feu ».

Ce mouvement sans fin, toujours relancé, qui fait de Dieu le Désirable par excellence, et qui appelle, face à Lui, un homme debout dans sa pleine dignité, Grégoire de Nysse l'exprimait magnifiquement dans son *Commentaire sur le Cantique des Cantiques* : « À celui qui se lève vraiment, il faudra toujours se lever ; à celui qui court vers le Seigneur ne manquera jamais un vaste espace. Ainsi celui qui monte ne s'arrête jamais, allant de commencement en commencement, par des commencements qui n'ont jamais de fin. »

Splendeurs et misères du désir

par Éric Fuchs

Dans la tradition classique, on a toujours opposé désir et raison. Dans notre tradition chrétienne, philosophique et religieuse, le désir est dans un rapport difficile avec la raison, parce qu'il perturbe toujours ce qu'il peut y avoir de volonté d'édification rationnelle, sociale autant que religieuse, à cause de son côté imprévu, inopiné, dangereux. On retrouve cette opposition chez les classiques, dont l'idéal est la maîtrise de soi. Or le désir ne contribue pas à la maîtrise de soi. Dans un premier temps, il apparaît comme ce qui perturbe et détruit cet équilibre recherché par la raison.

Il y a toujours dans le désir quelque chose de dangereux. La tradition biblique nous dit des choses intéressantes à ce sujet. Au commencement de tout est le désir. Ce désir, c'est celui de Dieu de voir l'être apparaître, le monde et la vie créés, l'homme et la femme surgir du néant dont Il les a tirés pour la simple raison qu'Il désire cette relation avec qui n'est pas Lui.

Cela est fondamental dans le texte biblique : la « précédence » qui nous fait vivre est celle d'un désir, d'une volonté bonne. « Dieu vit que cela était bon. » Et même « très bon », ajoute le texte quand il s'agit de l'homme et de la femme. Il y a au départ de nos vies, comme de la vie du monde, cette volonté d'amour, qui exprime un désir positif de nous voir vivants. Le vivant, c'est l'expression du désir de Dieu pour nous. Ce désir est détourné de sa signification par ce que l'Écriture nomme le péché. Le péché est cette force négative qui du cœur et au cœur de l'être humain suscite la méfiance, la jalousie et le mauvais désir. Pourquoi ce désastre qui transforme le désir en désir malveillant, violence, désir d'emprise sur autrui ? Comment et pourquoi cela s'est-il fait ? C'est le grand mystère autour duquel les hommes tournent depuis des siècles. Le récit biblique nous dit qu'il est dû à la subversion du don initial par la jalousie.

On retrouve là l'idée de René Girard sur le désir mimétique. L'homme veut prendre la place de Dieu.

C'est ainsi que le texte biblique fait reconnaître l'ambivalence du désir. C'est toujours le même désir, mais que vise-t-il ? Un surcroît de pouvoir toujours acquis au détriment d'autrui ou la reconnaissance du lien qui nous unit à autrui ? Volonté meurtrière déicide qui laisse place au libre champ de la convoitise ou acceptation de la limite que l'autre représente et signifie comme un absolu ?

Le désir ou la tendresse ? 59

Les conséquences éthiques sont multiples. On va se retrouver constamment devant ce choix : qu'en est-il de notre désir ?

On peut rapprocher ceci de l'expérience mystique, qui est reconnaissance de l'absolu du désir, qui ne peut jamais s'accomplir dans les objets, dans les choses, même dans les êtres, et qui rebondit toujours vers quelque chose qui est comme une attente. Il y a du côté du désir de l'eschatologie, c'est-à-dire le souci d'un infini au-delà. Les conséquences ne sont pas seulement métaphysiques ou religieuses, elles sont immédiatement morales. Parce que le désir nous conduit à cette reconnaissance de l'absolu d'autrui, cela nous conduit aussi à la reconnaissance que l'autre n'est pas un objet, manipulable, qu'il est toujours lui-même l'expression de cette altérité, de ce mystère, de cet autre sur lequel nous ne mettrons jamais la main.

La reconnaissance de la force du désir conduit donc à une réflexion sur le pouvoir, le refus du pouvoir, et rejoint le deuxième thème : la tendresse. Elle n'est pas en opposition au désir, si on comprend le désir comme un appel profond qui vient d'avant nous, qui nous poursuit et qui nous suivra, appel à la reconnaissance d'une parole qui nous fonde et nous fait vivre. Si le désir est reconnu comme tel, alors il est tendresse, l'expression même de la tendresse de Dieu pour tous les êtres.

Face au désir violent de ceux qui vont crucifier

les justes parce qu'ils les dérangent, il y a le désir qui ne cesse d'éveiller la conscience de l'autre, jusqu'à lui donner le goût de l'absolu, et lui permettre de donner sa propre vie, pour que quelque chose de ce désir se maintienne, passe à travers nos vies vers d'autres.

Il y a donc là un enjeu extraordinaire autour du thème du désir. D'un côté, le désir qui mène à la mort, et il en est tout à fait capable, nous ne le savons que trop bien, à la fin de ce siècle de larmes, de violence, de mort, et de mépris. De l'autre, le désir qui conduit à cette expression ultime du don de soi, tel que, entre autres, le Christ l'a montré, est rendu possible.

Que nous chante
le Cantique des Cantiques ?

par Alain Houziaux

Le désir et la tendresse sont complémentaires, c'est du moins ce que l'on dit. Par leur symbiose, ils formeraient l'amour. Il faudrait vivre les deux, et si possible les deux ensemble. Pourtant, tout le monde s'accorde à dire qu'ils sont bien différents.

Celle que je désire,
c'est toujours « l'échappée belle »

À propos du désir et de la tendresse, on a un certain nombre d'idées toutes faites. Le désir serait plutôt masculin, et la tendresse plutôt féminine [1] (mais il paraît que, depuis quinze ans, c'est l'inverse). Le désir serait plutôt de l'ordre de la force, de l'appétit, de la volonté de posséder ; la tendresse

---

1. En fait, étymologiquement, la tendresse n'est pas l'apanage de la femme mais de la jeunesse ; *cf.* « l'âge tendre », « un tendron », « vert tendre ».

serait de l'ordre non pas tant de la faiblesse[1] que de l'émotion devant ce qui est faible, vulnérable, fragile.

Mais prenons-y garde : il ne faut pas confondre le désir avec l'appétit sexuel et encore moins avec l'appétit sexuel masculin. À la différence de celui-ci, le désir ne peut jamais être assouvi, son propre est d'être un manque toujours en manque. Je suis et je resterai toujours en manque de l'autre. En fait, le désir est une forme de souffrance et de frustration. Chacun tend vers sa moitié, mais chacun reste amputé de sa moitié. L'amour est désir et le désir est manque[2]. Pour le désir, l'autre reste toujours inatteignable, il est un infini avec lequel on n'en a jamais fini. Pour le désir, l'autre est toujours « l'échappée belle ». « Mystérieuse, quand je tends les mains vers toi, je n'embrasse que le vide[3]. »

Le désir est une tension infinie, c'est-à-dire sans fin, vers l'autre toujours autre, vers l'autre qui vous attire et vous « attracte » sans jamais se laisser ni connaître ni posséder[4]. Comme Dieu lui-même.

---

1. Quoique l'amour soit aussi une faiblesse, une vulnérabilité, une fragilité.

2. *Cf.* Platon, *Le Banquet* : ce qu'on n'a pas, ce qu'on n'est pas, ce dont on manque, voilà les objets du désir et de l'amour.

3. René Char. Ce qui ne veut absolument pas dire que l'autre n'est « rien » pour moi. Bien au contraire, l'autre s'impose à moi et m'en impose, justement parce que je ne peux le posséder.

4. Et ce de la même manière que la série infinie $1 + 1/2 + 1/4$ est comme attirée par sa limite 2 bien qu'elle

Le désir ou la tendresse ?

Le désir est une forme de prière. Et la prière est une forme de désir. La prière est une quête sans fin, un désir infini [1].

De la même manière qu'il faut différencier le désir du besoin sexuel, il faut différencier la prière qui serait *besoin* de celle qui est *désir*. La prière qui est *besoin* tente de posséder Dieu, elle procède d'une forme de volonté de puissance qui s'exerce même sur Dieu ; la prière qui est *besoin* demande des miracles. Par contre, la véritable prière, qui est *désir*, est l'expression de mon manque de Dieu, de mon obsession de Dieu, de mon obsession de l'absence de Dieu.

Je suis comme un fleuve qui est entraîné irrésistiblement toujours plus loin de sa source. Et pourtant, par ma prière, je tente de remonter le cours vers la source. Mais c'est vainement. Je suis comme une cendre d'étoile, entraînée irrésistiblement vers la cendre, loin du feu qui l'a fait naître. Et pourtant, par ma prière, je tente de remonter la trace de mon feu. Mais c'est vainement.

---

ne puisse jamais atteindre cette limite parce que celle-ci ne se laisse jamais atteindre.

1. *Cf.* Psaume 42 : « Comme un cerf altéré brâme » ; *cf.* aussi saint Grégoire de Nysse : « C'est cela, voir réellement Dieu : ne jamais trouver de satiété à ce désir. »

Le désir et la prière

Et c'est peut-être à cause de cette intime connexité du désir et de la prière que le Cantique des Cantiques se trouve dans nos livres saints. L'histoire de la bergère avec le berger, c'est aussi l'histoire de l'homme avec son Dieu. On peut faire du Cantique une lecture érotique et une lecture spirituelle. Nous tenterons l'une et l'autre en parallèle. Trois thèmes s'y tressent fil à fil.

– D'abord, l'affirmation première de la bergère : « Il me baisera des baisers de sa bouche. » Cette phrase caractérise exactement ce qu'est le désir. Le désir, ce n'est pas une pulsion solitaire, c'est d'abord une forme de contemplation de l'autre (étymologiquement, « désirer » signifie d'abord « contempler un astre » et secondairement « constater et regretter son absence »[1]). Le désir est une illumination de l'autre même en son absence.

Ce qui est premier dans le désir, ce n'est pas le désir, c'est l'autre. Ainsi le désir, contrairement à ce que l'on pense souvent, n'est pas d'abord un « je ». Il est d'abord un « toi » (ou plutôt ici, dans le Cantique, un « il »). Le désir n'est rien d'autre que l'écho, en soi, du pouvoir d'aimantation et d'attraction de l'autre sur moi. C'est l'autre qui produit le désir.

---

1. Foulquié Saint-Jean, *Dictionnaire de la langue philosophique*, PUF, 1969, p. 161.

Le désir ou la tendresse ? 65

Et, de même, la foi et la prière ne sont que l'écho du pouvoir d'aimantation et d'attraction que Dieu exerce sur nous. En fait, le désir, et aussi la foi et la prière, se conjuguent sur le mode passif. On subit son désir, on est envahi par le désir. Le désir, c'est être le patient passif d'une forme d'affection que l'on subit.

De même que le désir est la conséquence d'une attraction que l'on subit, celle qu'exerce Dieu sur moi. De même que la mer, infiniment, se soulève attirée par la lune que l'on ne voit pas, de même la prière est le soulèvement de mon âme, attirée par un Dieu qui m'aimante même si je ne le vois pas, même si je ne le connais pas – et j'ajouterai même : justement parce que je ne le connais pas. Car il y a une prière des agnostiques. Elle s'appelle « plainte », « soif d'au-delà », « mal d'être ici-bas »[1].

– Ensuite, le Cantique développe le thème des chassés-croisés, des ratés et des malentendus[2]. Comme c'est encore le cas dans certains pays arabes, lors des noces, la fiancée et le fiancé déambulent à travers la ville avec leur cortège respectif. Mais ils doivent s'éviter car ce n'est qu'au dernier soir des noces qu'ils pourront se rencontrer. Ceci

---

1. A contrario, beaucoup de croyants ignorent la prière. Trop parler de Dieu et « trop connaître Dieu » tue la prière parce que cela tue le désir.
2. *Cf.* 3, 1-5 ; et aussi 5, 2-3 : la bergère, plongée dans un demi-sommeil, n'a pas su répondre à l'appel du berger.

est une sorte de parabole du jeu des désirs, de l'un et de l'autre qui se croisent, s'appellent, se ratent... Comme si le désir, parce qu'il se nourrit de sa quête infinie, rendait inapte à répondre au désir de l'autre.

« Car le désir est désir de quelque chose et en même temps désir d'autre chose[1]. » Le désir est aimantation par l'autre qui est toujours autre, toujours insaisissable. Oui, je manque toujours l'autre (un peu comme on rate une cible). Et l'autre toujours me manque et me rate. Et c'est pour cela que chacun est toujours en manque de l'autre.

De même, nous ratons toujours Dieu et nous ne pouvons l'atteindre, parce que Dieu est Dieu, le Dieu du ciel. Alors que nous, nous sommes sur la terre. Et Dieu lui-même ne peut que nous rater en dépit de son désir et de son amour parce qu'il est au ciel et nous sur la terre.

La tradition juive, lorsqu'elle décrit l'échelle de Jacob, cette échelle qui fait le pont entre la terre des hommes et le ciel de Dieu, dit que, en fait, il y a deux moitiés d'échelle, l'une qui monte de la terre vers le ciel et l'autre qui descend du ciel vers la terre. Et qu'elles ne peuvent se rejoindre. Et la tradition chrétienne dit la même chose mais de manière plus dramatique. Les deux échelles se rencontrent, mais en se brisant l'une l'autre, en se crucifiant l'une l'autre, en formant la Croix du Golgotha.

---

1. Denis Vasse, *Le Temps du désir*, Le Seuil, 1997, p. 40.

Le désir ou la tendresse ? 67

En effet, Jésus, c'est l'échelle qui tombe du ciel, c'est la main que Dieu tend vers les hommes ; et les hommes la ratent, la refusent, la brisent et la clouent au bois de la croix. Et Jésus, c'est aussi l'échelle qui monte vers le ciel, c'est la main que les hommes tendent vers Dieu. Il est le grand prêtre[1], c'est-à-dire le porte-parole de leurs prières et de leur désir de Dieu. Et il meurt sur la croix, sans avoir pu saisir la main de Dieu, en criant : « Mon Dieu, pourquoi m'as-Tu abandonné ? »

– Le troisième thème du Cantique, c'est celui de la tentation. En effet, il semble que le Cantique des Cantiques se joue non pas à deux mais à trois : la bergère, son fiancé le berger, et le roi Salomon avec son arsenal de pouvoir de séduction (puissance, richesse...)[2]. En effet, selon une lecture plausible du Cantique, la bergère aurait été entraînée et séduite par Salomon. Et celui-ci l'attire dans son harem. Pourtant, elle veut rester fidèle à son fiancé. De fait, dans la vie, c'est bien là le dilemme : le berger ou le roi. Le berger qui suscite l'amour, le désir, mais aussi le manque et la frustration ; le roi, le puissant thaumaturge qui donne

---

1. *Cf.* Hébreux 5,7.
2. Déjà en 1771, Jacobi considère ces poèmes du Cantique des Cantiques comme un drame d'amour. Une bergère aurait été ravie et conduite dans le harem de Salomon. Par fidélité à son fiancé, elle refuse de se laisser séduire par le roi. Cette lecture, qui était celle d'Origène, fut reprise par Renan.

la sécurité et l'ennui, le sérail et la prison, les ors et les fers. La foi oscille aussi entre deux manières de concevoir Dieu : le Dieu berger et le Dieu Salomon ; le Dieu espiègle qui fait signe et s'efface dans son signe, et le Dieu Salomon (le Dieu miracles), le grand manitou censé donner richesse, prospérité et santé.

« *Fuis donc, mon bien-aimé !* »

La fin du Cantique est ambiguë. Au dernier verset, la bergère crie au berger qui s'est approché de la grille du harem pour la voir : « Fuis, mon bien-aimé ! » Supplie-t-elle son bien-aimé de se sauver loin de Salomon ? Montre-t-elle que l'ultime forme de l'amour est le désir de l'indépendance de l'autre ?

Mais il se peut aussi que la bergère demande au berger de fuir pour que le désir qu'elle éprouve pour lui soit sans fin. « Fuis, mon bien-aimé », pour que jamais je n'aie l'illusion de te posséder. « Fuis », pour que tu sois toujours pour moi l'Absent qui me manque, m'obsède et fait ainsi renaître mon désir et ma prière.

Dans un autre sens encore, il se peut aussi que la bergère crie au berger de fuir alors qu'en fait c'est elle qui part loin de lui, entraînée par Salomon. Salomon est si fort, Salomon est un fleuve qui, par son courant si puissant, éloigne la bergère

Le désir ou la tendresse ? 69

de son bien-aimé. Et pourtant, elle se retourne, la main tendue vers l'amont du fleuve. Car elle continue à aimer et implorer le berger qui est la source de la vraie vie. « Fuis, mon bien-aimé », loin de moi qui m'abandonne, malgré moi, loin de toi, mon bien-aimé.

La prière, c'est crier à Dieu : « Pourquoi m'as-Tu abandonné ? », alors qu'en fait, c'est moi qui, malgré moi, m'abandonne et me perds loin de Dieu.

Et la tendresse... ?

La tendresse est tout autre que le désir : le désir se tend, éblouit et manque l'autre ; la tendresse détend, rapproche et aimante.

La tendresse pour les autres, les hommes nos frères et nos compagnons de misère vient lorsqu'on lâche prise vis-à-vis de nos prétentions à leur égard. La tendresse, c'est-à-dire la miséricorde et la mansuétude, vient lorsque le « vieil homme[1] » en nous est mort. Le « vieil homme », c'est celui qui a des opinions, des jugements et des exigences envers autrui, c'est celui qui dit : « Je veux » et qui meurt lorsqu'il a épuisé ses ambitions sur lui-même et suffisamment été éprouvé. Alors le « je » s'attendrit, il devient apte à la « tendresse ».

---

1. Romains 6, 6.

Ainsi ceux qui sortent d'un coma ont perdu leur « vieil homme »[1], ils renaissent (c'est sans doute cela la « nouvelle naissance » de Jean 3, 3) avec un regard différent sur leurs frères. Ce regard, c'est celui de la tendresse. On a tout perdu sur le plan de l'orgueil, des exigences et des ambitions. On a tout gagné sur le plan de la chaleur et de l'amitié. On a découvert que la seule chose qui compte dans la vie, c'est de se tenir chaud. La tendresse, c'est ce qui vient, ou c'est ce qui reste, quand on est passé par la mort.

Cette tendresse est quasiment instinctive et inconsciente. C'est celle des bêtes qui se regroupent pour avoir plus chaud. Ce n'est pas le désir individuel qui détermine les comportements de chacun, c'est le groupe lui-même, le « nous » du couple, la force d'une fraternité collective qui agit en chacun, quasiment à son insu. Je vois une illustration de cette tendresse naturelle dans la parabole des brebis et des boucs de Matthieu 25. Ceux qui ont nourri, abreuvé, visité, vêtu leur prochain l'ont fait presque sans s'en rendre compte[2], comme s'ils étaient traversés, inconsciemment et involontairement, par une force impersonnelle de tendresse et de fraternité vis-à-vis de leurs semblables. Cette

---

1. Nous devons cette remarque à notre ami le pasteur Jean Alexandre.
2. En fait, le texte biblique dit qu'ils ne se sont pas rendu compte qu'ils avaient secouru le Christ. Mais il se peut aussi qu'ils ne se souviennent plus d'avoir secouru leur prochain.

Le désir ou la tendresse ? 71

force, c'est la force du « nous », c'est-à-dire celle du Corps du Christ en chacun.

Le désir, nous l'avons dit, signe le tragique de l'impossibilité de l'union avec l'autre ; la tendresse vit la chaleur et la force d'une fusion quasiment animale et physique avec l'autre.

L'ultime nom de Dieu est Tendresse

Dieu n'a pas seulement des caractéristiques paternelles, Il a aussi des caractéristiques maternelles. Et c'est pourquoi Il est Tendresse. Il est *entrailles* (c'est-à-dire matrice) de miséricorde[1].

Dieu, en tant que Père, est désir. Et ce désir, on pourrait dire cette ambition, concerne les hommes considérés comme des adultes. Dieu, en tant que figure maternelle, est pitié, miséricorde et tendresse pour les hommes qui sont alors comme des tout-petits même s'ils font les fiers[2].

Qualifier Dieu comme une Tendresse sur le monde et sur les hommes me paraît particulièrement juste et compréhensible. Parce que cette notion de Tendresse caractérise un Dieu ni tout à fait impersonnel (le Dieu des philosophes) ni tout à fait personnel (le Dieu de la Bible).

---

1. Jérémie 31, 20 ; Luc 1, 78.
2. Jonas 4, 11. Jonas parle de la pitié de Dieu pour les hommes, ces tout-petits « qui ne distinguent pas leur droite de leur gauche ».

Dieu est un manteau de Tendresse qui couvre et couve le monde et l'enveloppe de toutes parts. Dieu est une bénédiction immense, Il est une aura de mansuétude et de commisération qui enveloppe le monde, ses misères, ses plaintes et ses prières.

On peut dire qu'« au-dessus de toutes choses s'étend le ciel d'une Tendresse, d'une Bénédiction et d'une Promesse » – un peu comme Nietzsche dit qu'« au-dessus de toutes choses s'étend le ciel de la Contingence, le ciel de l'Innocence, le ciel du Hasard, le ciel du Caprice [1] », mais en plus positif et en plus chrétien !

Lors de sa rencontre avec le jeune homme riche, Jésus nous donne une image de cette Tendresse de Dieu pour les hommes, ces « tout-petits ». L'Évangile de Marc précise que Jésus « se prit à aimer » ce jeune homme [2]. Ce qu'aime Jésus, ce pour quoi il a de la tendresse, c'est pour la bonne volonté naïve et enfantine de ce « bon garçon » qui veut faire tous ses devoirs de classe pour être parfait et qui va même jusqu'à réclamer des devoirs supplémentaires. Et pourtant, on le sait bien, tout cela est vain et voué à l'échec puisque « nul n'est bon que Dieu seul [3] ». « Tu devrais bien le savoir, mon petit, *nobody is perfect* ! »

Ainsi, la Tendresse de Dieu, elle est pour nous

---

[1]. Nietzsche, *Ainsi parlait Zarathoustra*, « Avant l'Aurore ».
[2]. Marc 10, 22.
[3]. Marc 10, 18.

tous, les hommes qui continuons, naïvement et bravement, à espérer, à nous débattre et à faire de notre mieux[1]. « Heureux, vous les hommes de bonne volonté, car la Tendresse est pour vous. »

---

[1]. Comme de bons petits scouts, nous ferons de notre mieux, même si, on le sait, tout finira par la cendre et la poussière.

Table ronde

Dans Macbeth, *Shakespeare écrit : « Cependant, je redoute ta nature, elle est trop pleine de la tendresse humaine. » Qu'y a-t-il donc de si redoutable dans la tendresse ?*

JACQUES ATTALI : La tendresse est l'ennemi du pouvoir, puisqu'elle est l'ennemie du désir de pouvoir. Il y a dans la tendresse un instrument subversif du pouvoir. Il n'y a donc pas de dimension redoutable dans la tendresse, sauf dans le côté subversif pour le pouvoir, et donc subversif pour l'esprit de résistance.

Peut-on parler de la tendresse ou du désir de Dieu ? Dieu est-il un être de désir ?

J. A. : On peut en parler dans le sens où Dieu est désiré. Mais on peut en parler aussi au sens où Dieu désire les hommes. La Bible n'est pleine que de cela. Dieu désire les hommes, et Il désire que

Le désir ou la tendresse ? 75

les hommes soient conformes à l'idée qu'Il s'est fait d'eux. Et quand Il constate que les hommes ne sont pas à l'image de ce qu'Il souhaite, Il se retire, et Il crée un manque, de façon à créer un désir de Dieu. Ainsi, le désir de Dieu, c'est de créer le désir de Dieu par les hommes. Dieu advient par le fait qu'Il nous manque. C'est peut-être la meilleure définition de Dieu que l'on puisse donner à un non-croyant : qu'est-ce que Dieu ? C'est le manque.

La tendresse, elle, est une des choses que les hommes attendent de Dieu, en espérant qu'Il va leur donner par la tendresse une réponse au manque, et d'abord au manque premier, c'est-à-dire à la peur de la mort. La tendresse rejoint l'idée de compassion, de consolation devant la mort. La tendresse que Dieu donne aux hommes, c'est : « Consolez-vous, Ma tendresse est là pour vous annoncer que votre vie n'est pas une fin. »

C'est pour cela que je trouve frappant que dans les *Pensées* de Pascal, la citation sur le désir que je vous ai donnée tout à l'heure vienne juste après la citation sur la distraction, sur la réponse des hommes à la mort, et précède celle sur l'abomination de la mort.

Dieu nous console : « N'ayez pas peur, Ma tendresse vous protège de la mort. »

ALAIN HOUZIAUX : La Bible parle souvent des « entrailles de miséricorde » de Dieu, c'est en fait l'*utérus*, une caractéristique féminine de Dieu, liée à sa tendresse.

Vous avez rappelé la théorie juive du retrait de Dieu, et j'ai trouvé un texte de saint Jean de la Croix, *La Nuit obscure*, qui dit exactement la même chose : « Voyez la conduite d'une tendre mère pour son enfant chéri. Elle le réchauffe sur son sein, elle le porte dans ses bras, elle le couvre de caresses. Mais à mesure que son enfant grandit, elle s'applique peu à peu à lui enlever les caresses, à lui cacher la tendresse de son amour. Elle le pose à terre pour qu'il apprenne à marcher seul, de lui-même. » La grâce de Dieu imite cette mère...

On ne peut pas manquer de Dieu puisque Dieu est partout...

Ysé Tardan-Masquelier : Pour répondre à cette remarque, revenons au manque. Je ne dis pas que la relation est le manque, mais que c'est dans la reconnaissance qu'on est manquant que réside la possibilité de la relation. Cela n'empêche pas que Dieu soit partout, ni qu'il soit à l'intérieur de moi, ou que mon âme soit une parcelle de la divinité. Mais je m'éprouve en tant qu'être humain comme manquant, et c'est là la condition de possibilité d'une plénitude. Il y a donation et réception. Pour que la réception soit possible, il faut qu'il y ait un vide, une place, un creux... C'est la fonction féminine sur le plan symbolique. La donation n'atteint son but que si la réception est possible, mais elle l'est à ce prix.

Le désir ou la tendresse ?

J. A. : Si Dieu est partout, cela peut en effet paraître contradictoire qu'on puisse en ressentir le manque. En réalité, cela vient de ce que le manque est lié à l'ignorance de Dieu. L'ignorance par Dieu des hommes et l'ignorance de l'homme à propos de Dieu. Et même une ignorance qui peut être vécue comme une foi. Beaucoup de religions expriment que Dieu est un autre. Il a choisi de ne pas être. Et quand on voit la barbarie de l'humanité, Dieu lui-même s'affiche comme manquant. Le manque qui crée le désir de Dieu vient de ce que si Dieu est partout, Dieu a décidé de ne pas y être, ou en tout cas de nous laisser avec la question : s'Il est partout, pourquoi n'est-Il pas là où on massacre ?

Le manque créateur de désir est donc tout à fait compatible avec l'universalité de Dieu, parce que la présence de Dieu est une énigme pour tous, même pour les croyants.

La tendresse est-elle une valeur récente ?

Y. T.-M. : Non. Les formes culturelles dans lesquelles elle s'exprime ont changé. Il y a dans notre humanité et dans le siècle terrible qui se termine des progrès éthiques qui font que la tendresse est plus juste dans bien des cas. Mais, aussi loin que l'on remonte dans les textes sacrés, on trouve toujours cette idée de la tendresse de Dieu pour l'humanité, comme celle de la tendresse des hommes entre eux qui reste un idéal, pas toujours réalisé ni partagé, mais un idéal toujours présent.

La Bible parle de l'amour de Dieu pour les hommes mais pas de la tendresse. Y a-t-il dans ce cas une différence entre amour et tendresse ?

ÉRIC FUCHS : C'est une erreur de dire qu'on ne parle pas de la tendresse de Dieu. En général, il s'agit d'une quête de l'homme par Dieu, celle d'un désir. La tendresse, c'est cela : la reconnaissance, la réception et l'acceptation de l'autre tel qu'il est. La tendresse est au cœur de la Bible au contraire !

Dans le cas d'Adam et Ève, la faute est-elle le désir, la convoitise, la désobéissance ou autre chose ?

É. F. : La confusion entre désir et convoitise est très fâcheuse. La convoitise, c'est le souci d'obtenir par tous les moyens quelque chose que l'autre a ou est et que je n'ai ou ne suis pas. Elle a toujours pour effet de détruire la relation avec autrui, alors que le désir, lui, en appelle à quelque chose qui m'habite. C'est quelque chose de créateur. La convoitise, c'est l'expression même de l'idolâtrie, d'une quête religieuse dont l'objet n'est plus le Dieu Autre absolu, mais l'image que je me fais de moi-même ou d'autrui et que j'édifie comme un dieu. On se trouve là au cœur d'un vrai débat théologique.

Le désir ou la tendresse ? 79

J. A. : Cette distinction entre désir et convoitise est tout à fait cruciale. La Bible en parle déjà très bien puisque l'homme, dès qu'il acquiert la liberté, la première chose qu'il fait est de remettre en cause Dieu et de réifier son désir en un veau d'or.

C'est l'histoire moderne aussi. L'économie moderne est une machine à réifier l'objet du désir, à transformer un désir d'être en un désir d'avoir. Elle comprend très bien ce qu'est le désir. On parle du désir comme s'il se limitait au désir d'un autre, alors que toute la machine est faite pour transformer le désir d'un être en désir d'un objet. On occulte ainsi le cœur du désir qui est de ne pas mourir. Toutes les formes de lutte contre la mort, la machine économique les transforme en désir marchand : j'accumule les objets pour les transmettre à la génération suivante, ce qui est une manière de durer, ou je me distrais pour oublier la mort. Et on peut ainsi imaginer des objets qui transforment la tendresse en objets marchands, en objets tendres – le nounours, c'est un objet tendre...

Y. T.-M. : Au sujet de la faute d'Adam et Ève, on ne peut pas se soustraire au thème de la limite et de sa transgression. Ce texte de la Genèse dit qu'il y a une différence de statut entre Dieu et l'homme. Si le désir de l'être humain l'entraîne à franchir la limite qui marque cette différence, là il y a vraiment faute.

É. F. : Il ne faut pas limiter la transgression à celle d'une loi formelle ; dans son essence, nous dit la Bible, la transgression est d'abord l'expression de la méfiance envers l'énonciateur de la Loi. C'est dire qu'elle exprime une transformation de l'image même de Dieu. Le texte de la Genèse est d'une grande finesse, il montre comment la promesse de Dieu : « Tu peux manger de tout, sauf... », ce qui exprime l'infinie générosité de Dieu et la nécessité de marquer une limite, qui identifie la différence et permet la relation, est transformée par le serpent : « Est-il vrai que tu ne peux pas manger de tout ? Est-il vrai que Dieu est Celui qui t'empêche de vivre en t'interdisant... ? » On transforme ce qui est un interdit fondateur d'un ordre possible de l'humain en une série d'interdictions d'un Dieu jaloux qui ne veut pas qu'on marche sur ses platebandes.

Il n'y a pas de plus grand manque que le manque de désir. C'est la véritable vieillesse.

Le désir de la mort est-il la forme ultime du désir, est-ce parce qu'il n'y aurait plus de tendresse ?

Est-il possible de se nier soi-même par trop de désir, ou par trop de tendresse, et si oui, faut-il le faire quand même ?

S'il vous reste une heure à vivre, choisissez-vous une heure de désir ou une heure de tendresse ?

Le désir ou la tendresse ?

Y. T.-M. : Il n'y a pas *le* suicide, mais des personnes qui se suicident. À propos de la tendresse qui peut manquer au point que la mort est tentante, ou que la vieillesse et une certaine solitude font que la mort est, sinon désirée, du moins envisageable parce que le désir s'éteint peu à peu, je vous recommande *L'Épreuve ou le tout petit livre de la divine douceur*, de Maurice Bellet[1], qui est à la fois théologien et psychanalyste. Il explique qu'après avoir été opéré, il a été proche de la mort. Au fond de sa réflexion très profonde sur lui-même, il trouve la « divine douceur », une sorte d'état de véritable tendresse, au-delà de la souffrance et du bonheur, un peu entre vie et mort.

A. H. : À ce sujet, je ferai part d'une réflexion que me faisait un de mes collègues, qui a beaucoup souffert en perdant un de ses enfants dans des conditions particulièrement tragiques. Il me disait que lorsqu'on a tout perdu et qu'on n'a plus ni illusion, ni désir, ni prétention, il n'y a qu'une chose qui reste, et qui compte, c'est la tendresse. De même, les gens qui sortent du coma n'ont plus de désir, plus de « je veux », ni d'ambition. Il ne reste que la tendresse, ce besoin de se tenir chaud ensemble entre survivants.

Je reviens sur le désir et la tendresse. Le désir, c'est d'abord la volonté d'avoir, canalisable vers des objets morts. On peut désirer sans être désiré, et

---

1. Desclée de Brouwer, 1988.

on peut avoir des désirs réciproques sans tendresse. La tendresse, c'est une façon d'être, orientée seulement vers des vivants. Les deux sont de nature différente. La tendresse est la forme la plus parfaite de la subversion du désir en tant qu'il est source de violence et volonté d'appropriation.

Pour moi, la tendresse, toujours pensée comme réciproque, ne peut se définir que dans la volonté de reconnaître l'autre comme un être humain et d'être reconnu par l'autre, alors que le désir se moque totalement de savoir si l'autre est un être humain. C'est, par l'appropriation, la négation de l'autre comme un être humain. C'est pourquoi le désir s'oriente immédiatement soit vers l'objet, soit vers la sexualité, tandis que la tendresse s'oriente d'abord vers la relation entre des êtres humains indépendamment de la relation sexuelle, et d'abord d'un parent avec ses enfants. La tendresse prend du temps, qui est volé à la machine économique.

É. F. : La tendresse est la composante non violente du désir, elle est la promesse de pouvoir reconnaître dans notre désir quelque chose comme l'appel de Dieu, ou de l'autre.

J. A. : Si on définit le désir comme la prise de conscience d'un manque, alors il y a deux façons de combler le manque : par l'appropriation de ce qui manque, ou par la reconnaissance de l'existence de ce qui manque. Dans ce dernier cas, on comble le manque par le dialogue avec ce qui manque. Le désir existe avant le choix entre ces

Le désir ou la tendresse ? 83

deux possibilités. C'est dans ce choix que se situe la façon dont on nomme l'autre : comme « objet de désir », et il est mort, ou comme « sujet de relation », et la tendresse est une des formes de relation. Le propre de l'être humain, c'est ce choix. Malheureusement, la tragédie d'aujourd'hui, c'est que ce choix est de plus en plus poussé vers la réification et non pas vers la relation.

Que pouvez-vous dire sur l'articulation besoin/ désir ?

J. A. : Mon maître à penser sur la question besoin/désir est Lewis Carroll quand il fait dire au lapin : « Les mots veulent dire ce que je décide qu'ils veulent dire. La question est de savoir qui est le maître, eux ou moi. » On peut faire dire aux mots ce que l'on veut, il suffit de leur donner une définition. Dans une définition raisonnable pour distinguer besoin et désir, les besoins sont l'ensemble de ce qui est nécessaire à l'être humain pour survivre dignement ; les désirs, eux, dépassent la satisfaction matérielle des besoins, qui sont l'infrastructure permettant d'exprimer des désirs : en effet, quelqu'un dont les besoins élémentaires ne sont pas satisfaits ne se trouve pas en situation d'exprimer des désirs.

Pour des milliards d'êtres humains, notre discussion sur désir et tendresse est blasphématoire, car ils se situent sur le terrain des besoins.

Au sujet des moines en tant qu'êtres de renoncement : si la psychanalyse a considéré comme malsain de se frustrer de ses désirs, les moines se créent-ils des névroses ? Est-il possible d'être moine après Freud ?

Y. T.-M. : Michel Foucault explique bien comment les institutions religieuses, politiques ou autres sont toujours répressives par rapport à l'expression du désir individuel. Mais il n'y a pas que les couvents ! Il n'y a pas de société plus puritaine que la société marxiste ! Tout simplement parce que le désir est dangereux, car il ramène l'homme à lui-même et à ses origines. Et parce qu'à travers la difficulté qu'il a avec ses désirs, il prend conscience de lui-même et s'engage donc sur le chemin de l'autonomie.

Que, dans un monastère, pour des raisons d'abord communautaires ou sociales, il y ait eu une certaine forme d'encadrement qui a pu aller jusqu'à la répression, pas de doute ! Mais je rappelle que la vie monastique n'a pas pour but l'extinction du désir, le refrènement du désir n'est qu'un moyen. La finalité de la vie monastique est autre, elle s'enracine dans un idéal de haute spiritualité et d'union à Dieu.

Le mot de « renoncement » prête à tous les malentendus. S'il y a des renoncements pervers, des renoncements imposés (qui sont toujours source de souffrance), il y a aussi le renoncement véritable, celui qui fait l'objet de l'assentiment de la personne. Et puisque l'être humain évolue, sa vie spirituelle s'ajustant à chaque étape, cet assentiment devrait être révisable.

É. F. : Dans la tradition protestante, il y a une forme de monachisme qui est la vie familiale. Les réformateurs, et la tradition puritaine en particulier, ont beaucoup insisté sur le fait que désormais le couvent n'est plus à l'extérieur mais dans nos cités, sous la forme des familles. Constituer une famille, c'est le lieu d'un certain renoncement, d'une certaine ascèse avec toutes les responsabilités éducatives, sociales et politiques que cela implique.

La difficulté, c'est que nous parlons de renoncement et d'ascèse... Pourtant, l'amour n'est-il pas toujours une certaine ascèse, n'implique-t-il pas toujours un renoncement qui consiste à dire : « Je laisse l'autre exister, fût-ce à mon détriment » ? L'idéologie contemporaine du « Moi, je veux faire ce qui me plaît quand je veux » aboutit à beaucoup de détériorations relationnelles... Il y a des choix difficiles dans la vie sociale. Faire la critique systématique de l'ascèse me paraît douteux parce qu'elle comporte des forces dont nous aurions besoin aujourd'hui. À cet égard, le dynamisme de la société protestante, là où elle s'est implantée, est remarquable.

Le désir serait polygame et la tendresse monogame. Que pensez-vous de cela ?

A. H. : Pour moi, la tendresse est beaucoup plus de l'ordre du groupe que de l'ordre du couple. La tendresse est un sentiment transpersonnel qui traverse l'être alors que le désir est personnel.

J. A. : Aux États-Unis, il y a ce qu'on appelle *the fatherless society* – « la société sans père » –, la tendresse hors de la famille. C'est une piste importante pour aujourd'hui que de penser la fraternité hors du système familial. Ainsi voit-on des crèches s'installer dans les maisons de retraite, des jeunes de l'université aller donner des cours dans la prison d'à côté. Dans une société de réseaux, tous les réseaux doivent créer des champs de tendresse.

L'homme a peur que la tendresse tue son désir. En revanche, pour la femme, le désir a besoin d'une tendresse pour pouvoir s'épanouir...

Quel lien y a-t-il entre l'union avec Dieu, l'eucharistie, et l'union physique avec son conjoint ?

É. F. : L'union avec Dieu ne se résume pas à l'eucharistie. Il y a une analogie d'amour. La relation sexuelle, quand elle se vit dans l'amour, quand elle n'est pas réduite à la satisfaction d'un besoin physiologique de violence ou de possession, est le signe d'un échange qui dépasse l'homme et la femme et qui évoque symboliquement le lien entre Dieu et l'homme.

Il y a dans la relation homme-femme un mystère, très profond, qui ne s'épuise ni dans le plaisir

Le désir ou la tendresse ? 87

ni dans l'institution sociale et familiale. C'est quelque chose de tellement fort symboliquement qu'on ne peut guère imaginer d'autre forme aussi forte qui évoque à ce point ce qui est en jeu dans toutes nos relations interpersonnelles, et par là avec le mystère de l'existence et de la vie, ce qu'on appelle Dieu.

Y. T.-M. : L'eucharistie et la relation homme-femme ont un substrat commun : l'incarnation. Le corps a une dignité telle qu'un Dieu s'y est incarné. Il y a là une dimension oubliée.

A. H. : Saint Augustin disait : « Tard je T'ai aimé car Tu étais au-dedans de moi, et moi j'étais dehors. »

J. A. : Pour moi, pour qui le Messie n'est pas encore venu, ce rapprochement entre le couple humain et la relation avec Dieu est inacceptable. Dieu ne forme pas un couple avec l'être humain, Dieu est en chacun de nous. Dieu n'est pas l'autre. Pour moi, le Messie viendra quand chaque homme aura exprimé en lui son étincelle messianique. C'est l'humanité tout entière qui deviendra messianique quand les hommes auront fait passer la tendresse au-dessus du désir et la fraternité au-dessus de la volonté de dominer.

Y. T.-M. : Désir et tendresse sont dans une continuité. La tendresse peut être une expression du désir dans sa pleine maturité. Je ne vois pas comment un être humain pourrait être tendre s'il n'a pas fait l'expérience du désir.

J. A. : « Pourquoi la Bible commence-t-elle par un *Beth* ? » se demande le Talmud. Toutes les lettres sont venues vers Dieu en disant : « Je désire être le premier. » *Alpha* a dit : « Parce que je suis le premier » ; « Parce que je suis le plus grand », dit une autre lettre, etc. Dieu écoute tous les désirs. Seul *Beth* ne vient pas. Dieu lui dit : « Pourquoi ne demandes-tu pas à être le premier ? » *Beth* répond : « Je ne demande pas d'être le premier parce que je ne veux qu'être reconnu par Dieu, être aimé et nommé par Dieu. Mon seul privilège, c'est d'être assez aimé de Dieu pour être dans la Bible. » Naturellement, c'est lui qui est choisi par Dieu pour être le premier. La tendresse permet donc de satisfaire ses désirs.

É. F. : Ce que nous cherchons, c'est à réconcilier profondément en nous des réalités que nous éprouvons très souvent comme contradictoires et qui nous mettent dans des tensions très fortes. En cherchant à articuler désir et tendresse, nous essayons de définir un horizon de vie possible, où nous savons bien qu'il y a tension, difficulté, contradiction, mais où nous postulons que quelque chose peut advenir entre l'homme et la femme, et entre les êtres de manière générale, qui réconciliera désir et tendresse.

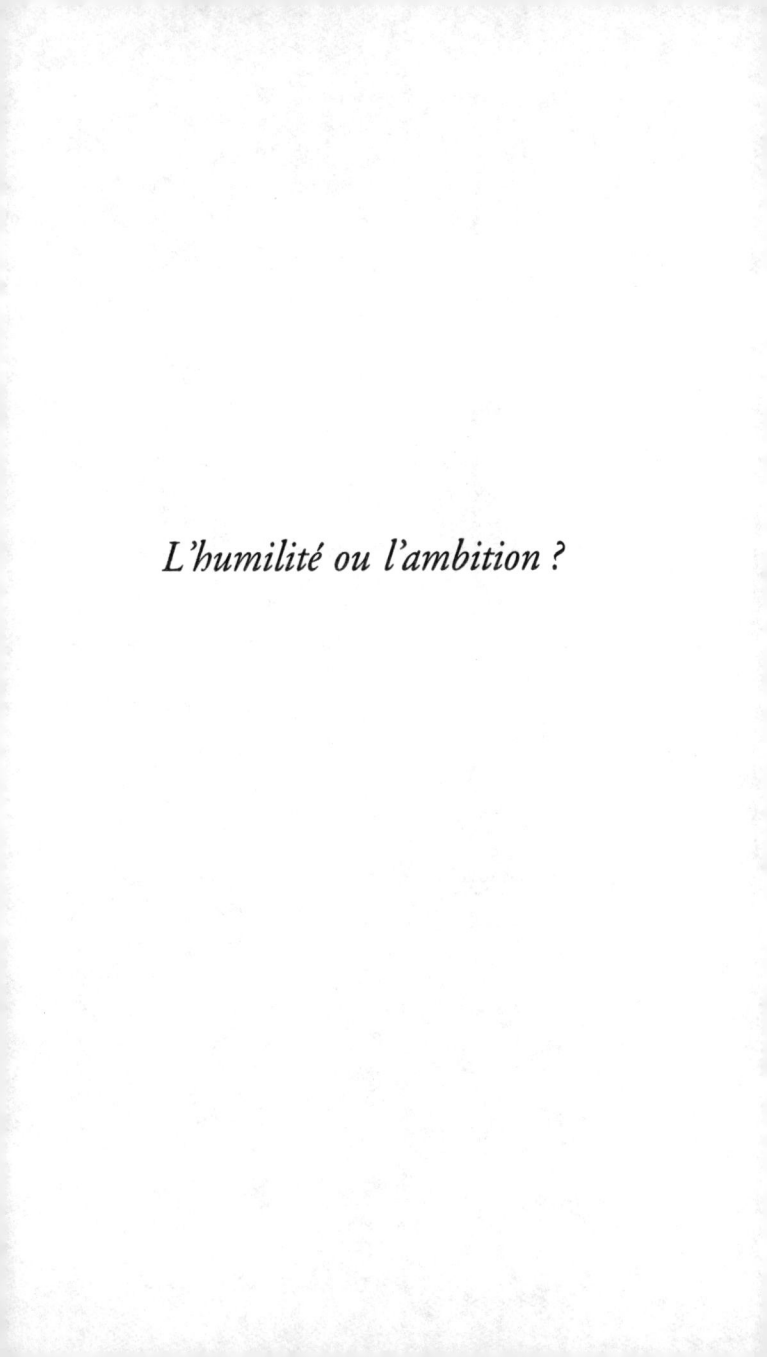

L'humilité ou l'ambition ?

Humilité et ambition, inextricablement mêlées en politique

par Pierre Joxe

Pour quiconque participe ou a participé à la vie publique, à la vie politique, « ambition » et « humilité » sont deux mots qui entrent en résonance, mais pas vraiment comme des antonymes : en effet, le contraire de l'ambition serait plutôt le renoncement, et le contraire de l'humilité serait plutôt l'orgueil.

On ne peut pas faire de politique sans manifester une certaine ambition, et poser une candidature, participer à une compétition, à une campagne électorale, c'est exprimer son désir d'assouvir une ambition. Mais on ne peut pas non plus faire de politique sans avoir à rencontrer, à connaître l'humilité : quand on est élu représentant, mandataire de milliers de personnes qu'on ne connaît pas toutes, on est en quelque sorte possédé par ces mandants. Les électeurs aliènent votre liberté car, pour dire les choses de façon brutale, on n'est rien sans eux dans la vie politique. Dans ce sens, on est conduit à une certaine humilité.

« Ambition » est un drôle de mot. Il est à double sens et à double fond car ses deux sens sont presque opposés. Généralement, il est plutôt entendu dans un sens péjoratif : c'est la recherche du pouvoir et des honneurs qui vont avec, recherche qui peut être immodérée et même devenir un péché si l'on recherche des honneurs qu'on ne mérite pas. Pourtant, en 1694, le *Dictionnaire de l'Académie française* définit l'ambition comme un juste désir : « Ambition : se prend quelquefois en bonne part » et, dans sa définition plus ancienne et encore valable : « Juste désir de faire de grandes actions ». Au fond, l'ambition est une question de mesure.

Le mot « humilité » lui aussi est à double sens mais à deux dimensions : cela peut être un sentiment ou une attitude. En général, on pense au sentiment : l'humilité est une disposition à s'abaisser par sentiment de sa propre faiblesse, de sa propre insuffisance, de ses limites. C'est la modestie de l'âme, le « contrepoison de l'orgueil », écrit Voltaire dans le *Dictionnaire philosophique*. L'humilité, comme attitude, c'est la déférence. Là, on rencontre la dimension politique. Quelles que soient l'ambition qu'on puisse avoir en matière politique et la bonne opinion dans laquelle on puisse se tenir soi-même, on est toujours confronté à l'humilité, à la déférence envers le peuple.

L'humilité ou l'ambition ?

On ne peut pas faire de politique sans être plus ou moins grisé par le succès, l'ambition assouvie d'avoir été élu, de réussir, d'agir utilement et, pense-t-on, d'être efficace. Mais on est aussi nécessairement, occasionnellement atteint, peut-être même déprimé par l'échec, par le sentiment de la difficulté de se faire comprendre, la lenteur des résultats, l'impression qu'on n'arrivera jamais à réaliser, à obtenir, ou à faire comprendre..., ce qui favorise l'humilité.

J'en reviens à l'élection. On n'est jamais élu seul, on est toujours élu avec un environnement qui est son parti, ses partisans, les circonstances, un programme, des traditions historiques. On n'est jamais battu seul, non plus. Dans la victoire comme dans l'échec, on est toujours associé à d'autres – généralement beaucoup d'autres, de générations différentes. C'est certainement une des caractéristiques principales de la vie politique que de se confronter en permanence à ces deux dimensions de la vie publique que sont l'ambition, la plus exaltante, qui conduit vers l'action publique, et l'humilité devant un mouvement historique, des forces et une opinion publiques qui vous dépassent, qui conduit le plus à la réflexion.

La projection la plus philosophique de cette opposition, on peut la trouver dans l'ordre spirituel sous la forme de l'élévation des humbles, qui est un thème omniprésent dans la Bible, dans l'Ancien Testament comme dans le Nouveau

Testament. Le Dieu de la Bible est le Dieu des humbles.

On pourrait donner beaucoup de citations en illustration, la prière de Judith en est une : « Tu es le Dieu des humbles, le secours des petits, le défenseur des faibles, le protecteur des abandonnés. » Tout homme politique a tendance à se projeter lui-même dans une vision exaltée de son rôle sur terre, non pas qu'il se prenne pour Dieu le Père, mais la tendance très fréquente des gens à lui porter une certaine admiration qui peut l'exalter, parfois trop.

Dans le Nouveau Testament, c'est encore plus précis. Dans Matthieu, par exemple, Jésus dit : « Celui qui s'élèvera sera abaissé, et quiconque s'abaissera sera élevé. » On retrouve souvent ce thème dans l'Évangile, en particulier la parabole de la dernière place.

Cette thématique très fréquente, qui a une dimension politique et morale, rejoint finalement une autre thématique couramment exposée au sujet des rapports entre le pouvoir et l'éthique : la morale en conflit. L'action politique conduit à se partager entre une éthique de conviction (celle qui pousse à agir) et une éthique de responsabilité (celle qui permet d'agir). Souvent, l'éthique de conviction pousse à agir mais mène devant une impasse ; l'humilité, comme l'éthique de conviction, peut écarter de l'action, elle peut paralyser la décision, replier sur la méditation et même ren-

L'humilité ou l'ambition ? 95

voyer à la recherche d'une vérité ultime, comme dans les philosophies d'Extrême-Orient ou l'enseignement du Bouddha[1]. À l'inverse, l'éthique de responsabilité, comme l'ambition, conduit à assumer la nécessité des choix, à arbitrer entre le moindre mal et le mieux possible, à s'extravertir vers l'explication[2]; elle pousse à l'action et à l'initiative.

Nous sommes tous, selon les jours, plus ou moins exposés à être ballottés, à hésiter entre la résignation et la révolte devant le mal et l'injustice, entre la compassion et la solidarité active envers la condition humaine, entre la voie de l'humilité – qui peut être celle du renoncement – et la voie de la folie de ceux qui veulent goûter à la science comme Prométhée et Faust pour s'élever autant que possible vers une inaccessible autre condition. C'est une tension constante.

Dans la vie publique, dans la vie politique, ambition et humilité sont donc inséparables. Pour conclure, je citerai Benjamin Constant qui, en 1815 (c'est-à-dire dans une période de grands bou-

---

1. Bouddha, à l'âge de vingt-neuf ans, juste après la naissance de sa fille, ayant compris que la vieillesse, la maladie et la mort sont la fin ultime, enseigne ensuite pendant cinquante ans, jusqu'à l'âge de quatre-vingts ans, le renoncement, la compassion.
2. Non pas comme les philosophies d'Extrême-Orient, mais plutôt comme les mythes apolliniens ou prométhéens, qui exaltent l'initiative, la transformation du monde.

leversements), dans ses *Principes de politique* écrivait : « On ne peut pas écarter des emplois[1] les hommes ambitieux, écartons-en donc, du moins, les avides. »

---

1. Dans sa langue et à son époque, « emplois » désigne les fonctions officielles.

Le pharisien
et le publicain

par Guy Gilbert

L'humilité et l'ambition peuvent s'opposer, mais pas forcément. Il y a une chose essentielle que l'on cultive chez les chrétiens, c'est l'amour. L'amour sans humilité n'est rien. L'humilité qui conditionne l'amour, c'est la vertu principale du chrétien. J'ai appris cela petit quand je suis entré au séminaire à l'âge de treize ans. Les Pères de l'Église citent souvent cette phrase : « Le péché et l'humilité valent mieux que la vertu assortie d'orgueil. » Le Christ l'a dit dans l'Évangile : « Je ne suis pas venu appeler les justes, mais les pécheurs. » Marie-Madeleine, Zachée, le receveur des impôts, les truands..., tous les pécheurs étaient prioritaires, parce qu'ils avaient l'humilité.

Souvenez-vous comme les curés du temps passé, les archevêques et les papes, les évêques et les prêtres étaient imbus d'eux-mêmes, forts de leur position : « Moi, je tiens la main de Dieu, et je te tiens la main. Et c'est moi qui te dirai qui est Dieu. En attendant, passe à la caisse ! »

Non. Le Seigneur a choisi le publicain, le pauvre mec qui dit : « Je ne suis rien du tout, une vermine. » Et le Seigneur était abîmé devant celui qui disait son rien.

Le Christ a eu cette grâce de nous montrer son humilité. Il s'est humilié par amour, de sa naissance à sa mort. Naître de cette façon-là ! Dans le seul endroit chaud qui restait : une crèche avec des vaches qui ont réchauffé Jésus. Et sa mort ! À poil, menotté par les flics. On lui a craché dessus, il n'était plus rien. Et le dernier regard du Christ pour le bon larron qui lui dit : « Moi je suis ici, c'est normal, j'ai fait mille conneries. Mais toi, qu'est-ce que tu fais ici, t'es innocent ? ! » Le Seigneur lui répond : « Tu seras le premier dans le royaume de Dieu. »

On me demande souvent ce qu'est le péché ultime. C'est désespérer de la miséricorde de Dieu, penser que le Seigneur ne pourra jamais nous pardonner. C'est-à-dire faire de soi sa limite, alors que la miséricorde de Dieu est illimitée. On prend souvent l'exemple terrible d'Hitler : si à la dernière seconde il avait vraiment dit : « Ce que j'ai fait est épouvantable », il aurait été racheté (remarquez qu'il a dû faire un bon bout de purgatoire !). Elle est sans limite, la miséricorde de Dieu ! L'humble doute de lui, jamais de Dieu. C'est sa puissance.

J'aime cette phrase de saint Paul : « Plus je suis faible, plus je suis fort », plus je reconnais que tu as les clés, Seigneur, plus je serai opérationnel dans

L'humilité ou l'ambition ?

mon métier. Moi, j'ai à ramer comme un mort, pour essayer de trouver une solution, et quand je n'arrive pas à trouver cette solution, Dieu la trouvera.

Dans l'histoire de l'Église, on connaît saint François d'Assise, imbu de lui, riche par son père. Lorsqu'il découvre le Christ, il se met tout nu, jette ses vêtements à la figure de son père : « Je laisse tout. » Son dénuement, son humilité sont le début de sa sainteté.

Mère Teresa, Mandela et tant d'autres ont comme caractéristique essentielle l'humilité ; pour cela, ces êtres m'ont toujours fasciné. Je me souviens d'une photo sublime de Lady Diana – belle, sexy, superbe – avec la pauvre mère Teresa, ratatinée, pas belle... Mais quelle splendeur elle dégageait ! L'humilité a des degrés, elle commence par la crainte de Dieu. Car nous sommes petits face à Dieu. Et si on ne Le craint pas, c'est qu'on se prend pour Rambo.

Le chrétien fait la volonté du Père, comme le Christ : « Je suis venu faire la volonté de mon Père. » C'est ça, se mettre sous dépendance. L'obéissance n'est pas une vertu après laquelle on court, actuellement. Dans une famille, être un père, une mère, des enfants soumis : un mari soumis à sa femme, la femme soumise à son mari, les enfants soumis aux parents, mais dans une obéissance radieuse, dans une humilité merveilleuse, c'est rare, et superbe !

Dans ce monde où nous sommes souvent sans miséricorde, l'humilité amène le pardon. C'est lié au silence intérieur et ça nous libère. L'humilité rend libre. L'humble est forcément joyeux parce qu'il est libre.

L'ambition désire. Il y a deux sortes d'ambition. Le désir d'atteindre la gloire, la puissance, par l'argent, la réussite sociale, absolue, coûte que coûte. Être ambitieux n'est pas mauvais si on n'écrase pas les autres pour arriver, si on ne cherche pas le pouvoir pour le pouvoir.

Quant à l'ambition heureuse, belle, c'est celle d'un mieux-être, d'un plus-être, c'est la plus belle ambition de la vie. Einstein disait que nous n'utilisons que 10 % de notre capital physique, psychique, affectif. Je le crois. 90 % sont balayés par un tas de putridités que nous avons en nous.

En revanche, l'ambition d'être brillant, connu, célèbre est destructrice... Un jour, alors que je dédicaçais des bouquins après une conférence, une bonne vieille est arrivée et a fait dédicacer le bouquin au loubard qui était à côté de moi... J'ai beaucoup aimé ce geste !

Dans la réunion que j'organise tous les mois avec mes jeunes, les « sauvageons », il y en avait un qui devait imaginer que c'est celui qui crie le plus qui a raison. On avait beau lui dire de la fermer, rien n'y faisait. Puis, de mois en mois, à force de lui dire : « Laisse respirer celui qui ne peut rien dire. Tu l'ouvres trop », on a fini par l'entendre dire : « Ok, je laisse la place à l'autre. » Évidemment, c'est une technique évangélique loubarde, mais vous pouvez aussi l'appliquer en famille. Il faut toujours penser, quand il y a conflit, que l'autre peut avoir raison. Le pardon est au bout. Nous sommes dans une société dure, difficile, sans miséricorde. Cherchons le plus petit, le plus écrasé de notre famille ; et même si nous sommes richissimes, allons chercher le plus humble parce qu'il est signe de Dieu.

Une affaire de discernement

par Jean-Louis Schlegel

Entre humilité et ambition, la tradition chrétienne a longtemps tenu des positions tranchées : l'humilité est la vertu cardinale. À certains égards, elle est la condition de toutes les autres, car si les diverses vertus mènent à l'orgueil chez celui qui les vit, c'est fichu, pourrait-on dire : elles ne valent plus rien. L'orgueil n'est pas l'ambition, certes, mais les Anciens ont, non sans discernement et finesse, soupçonné l'ambition d'être le chemin le plus direct et le plus immanquable vers l'orgueil ; et c'est pourquoi l'ambition, facilement confondue avec l'orgueil, n'est pas considérée comme une vertu, mais comme une passion condamnable, dont il importe de se défaire. La seule ambition acceptable serait de vouloir parvenir à l'humilité. Et l'humilité ne saurait en aucune façon composer avec l'ambition.

Célébration de l'humilité

La tradition chrétienne la plus primitive, celle des Évangiles et du Nouveau Testament en général, est traversée par ce fil rouge incontestable : l'humilité est célébrée sous toutes ses formes, matérielles et sociales ou spirituelles. La naissance du Sauveur est celle d'un petit parmi les petits, non seulement celle d'un humble mais d'un humilié. Les exégètes considèrent que ses parents faisaient partie de ces « pauvres de Yahwé » qui mettaient leur destin dans la main de Dieu. Cette naissance survient après le cantique de Marie, qui magnifie un Dieu qui « élève les humbles et renverse les superbes de leur trône ». Une des tentations de Jésus au désert, qu'il rejette, est celle du pouvoir. La deuxième « béatitude » du Sermon sur la Montagne est réservée aux humbles, qui « posséderont la terre » (c'est-à-dire précisément ce qu'espèrent les ambitieux). D'autres manuscrits portent le mot « doux » à la place de « humble » : mais les humbles, souvent, ne sont-ils pas aussi des doux ? « Les derniers seront les premiers », est-il dit encore. L'Évangile rapporte aussi que Jésus se retire au désert quand le peuple veut le faire roi, ou son entrée dérisoire à Jérusalem sur un ânon. Aux Apôtres qui se chamaillent pour savoir « qui est le plus grand », Jésus rappelle que c'est « celui qui sert ». De même il renvoie les sages et les savants à leurs études, si l'on peut dire, pour louer les tout-petits. Et, bien sûr, la croix achève ce parcours d'humilité de façon tragique. La tradition chrétienne a très longtemps porté en elle cette tradition d'humilité – contre les honneurs, contre la connaissance qui enorgueillit, contre les satisfactions humaines de la réussite matérielle, spirituelle, morale... L'humilité est la pierre de touche du « juste », car il n'y a plus de justice chez celui qui s'enorgueillit d'être juste. Cependant, elle est modulée différemment selon les auteurs et les époques. Je prendrai principalement deux témoins, l'un d'avant et l'autre d'après la Réforme, ce qui nous permettra à la fois de marquer certaines évolutions dans la façon de comprendre l'humilité et de discuter la question de savoir si la Réforme, une des portes d'entrée dans les temps modernes, a réorienté la tradition sur ce point.

Tout est vanité

Dans *L'Imitation de Jésus-Christ*, écrite au début du XVIe siècle, le rappel de l'humilité est omniprésent, et la dénonciation sinon de l'ambition, du moins de l'orgueil et des efforts pour réussir dans le monde ou pour s'élever dans l'ordre des choses humaines revient presque à toutes les pages. Mais il y a un accent un peu différent de celui des Évangiles. Là, il y avait une joie, un bonheur de faire

L'humilité ou l'ambition ? 105

partie des humbles, et l'accent était mis par Jésus lui-même sur le service : la charité est humble, dit également Paul dans son célèbre hymne à l'amour en I Corinthiens 13 ; et réciproquement, l'humilité est charité : ce n'est pas celui qui retient jalousement le peu qu'il a, mais celui qui fait fructifier ses talents dans l'ordre de la justice et de la charité, celui qui est « fidèle en peu de chose », qui recevra le royaume en partage. Dans *L'Imitation de Jésus-Christ*, l'accent est mis ailleurs : on insiste désormais, dans la ligne du livre de l'Ecclésiaste, sur la *vanité* de l'ambition, c'est-à-dire de la réussite matérielle et de la recherche des honneurs : c'est une chose vaine, car « elle passe, la figure de ce monde », comme dit Paul. La mort – on sait à quel point le XVe siècle est préoccupé, voire obsédé, par la présence de la « grande faucheuse » – vient saisir tout le monde, grands et petits de la terre, et mettre un terme à toutes les ambitions. Et l'ambition, à quoi sert-elle si elle oublie l'éternité, si elle fait perdre la vie éternelle ? Je rappelle que *L'Imitation*, bien qu'écrite par un moine, Thomas a Kempis, pour des moines, aura pourtant cette particularité d'avoir un immense succès auprès des laïcs, pour qui elle sera le grand livre spirituel pendant des siècles.

La grande illusion

Sautons plus de deux siècles pour lire un des sermons les plus célèbres de Bossuet sur l'ambition (il vaudrait mieux dire « contre l'ambition »), devant un milieu particulièrement concerné : celui de la cour de Louis XIV. Je sais que Bossuet est un personnage peu sympathique aux yeux des protestants, mais je le prends comme un bon témoin de la tradition prémoderne. Sa ligne de conduite, dans ce sermon, est avant tout la dénonciation des illusions de l'ambition : l'ambition trompe, elle engage dans des voies fausses, dans des espérances déçues, forcément déçues. Elle ne tient pas ses promesses. Là encore le modèle est Jésus : quand la foule veut le faire roi, il « voit dans sa prescience en combien de périls extrêmes nous engage l'amour des grandeurs : c'est pourquoi il faut fuir devant elles pour nous obliger à les craindre ; et, nous montrant par cette fuite les terribles tentations qui menacent les grandes fortunes, Il nous apprend que le devoir essentiel du chrétien, c'est de réprimer son ambition ».

Mais Bossuet évoque aussi beaucoup le thème de la vanité de l'ambition, dans la ligne donc de l'Ecclésiaste, en particulier dans ses sermons sur la mort, celui d'Henriette d'Angleterre par exemple : lors de cette mort, « jamais les vanités de la terre n'ont été si clairement découvertes, ni si hautement confondues. Non, après ce que nous venons de voir, la santé n'est qu'un nom, la vie n'est qu'un songe, la gloire n'est qu'une apparence, les grâces et les plaisirs ne sont qu'un dangereux amusement : tout est vain en nous, excepté le sincère

L'humilité ou l'ambition ?

aveu que nous faisons devant le Dieu de nos vanités, et le jugement arrêté qui nous fait mépriser tout ce que nous sommes ».

On trouverait des dizaines de textes de cette sorte, dont la leçon est sans équivoque : « Renoncez à votre ambition, au désir de gloire et d'élévation, et cherchez l'humilité. » Je ferai deux ou trois remarques pour commenter cette attitude. Tout d'abord, ne croyons pas que les Anciens étaient dupes ou naïfs. Ils faisaient des objections, qui ressemblent tout à fait aux nôtres, à ces condamnations de l'ambition. Par exemple, nous objecterions volontiers à Bossuet que l'ambition n'a pas seulement pour but de s'élever soi, ou de désirer le pouvoir pour soi : c'est aussi pour réaliser de grands projets, pour se mettre au service de l'État, donc de la collectivité. Bref, on peut être ambitieux pour la bonne cause.

Mais dans le « Sermon sur l'ambition », Bossuet répond par avance à ces objections : « Vivez donc contents de ce que vous êtes, et surtout que le désir de faire du bien ne vous fasse pas désirer une condition plus relevée. C'est l'appât [l'argument] ordinaire des ambitieux : ils plaignent toujours le public, ils s'érigent en réformateurs des abus, ils deviennent sévères censeurs de tous ceux qu'ils voient dans les grandes places. Pour eux, que de beaux desseins ils méditent ! Que de sages conseils pour l'État ! Que de grands sentiments pour l'Église ! Que de saints règlements pour un diocèse ! Au milieu de ces desseins charitables et de ces pensées chrétiennes, ils s'engagent dans l'amour du monde, ils prennent insensiblement l'esprit du siècle ; et puis, quand ils sont arrivés au but, il faut attendre les occasions, qui ne marchent qu'à pas de plomb, et qui, enfin, n'arrivent jamais. Ainsi périssent tous ces beaux desseins et s'évanouissent comme un songe toutes ces grandes pensées. » Bossuet est-il exagérément pessimiste sur la vanité des choses humaines et sur le désir de servir ses concitoyens en montant dans la hiérarchie sociale ? Sans doute. Mais au spectacle qu'offre la politique, aujourd'hui même hélas, qui dira qu'il a entièrement tort ? Un peu d'humilité chez les puissants, chez les scientifiques, chez les privilégiés de la fortune en tous genres ne ferait de mal ni à eux ni à la société où ils vivent...

Ma deuxième remarque concerne la tradition protestante. Je la connais trop mal pour dire les différences et les ressemblances avec la tradition catholique. Cependant, il est certain que Luther et Calvin ont rompu avec la tradition de l'« imitation » de Jésus-Christ, ne serait-ce peut-être qu'à cause de ses aspects monastiques, mais aussi pour des raisons de fond : le chrétien n'« imite » pas Jésus-Christ, il « croit » en lui comme Sauveur. Jésus apporte le salut de Dieu, sa vie n'est pas ou, pas seulement, un modèle édifiant qu'il convient de suivre. On tomberait vite dans la morale, ou dans les efforts personnels, les « œuvres », à en rester là. Néanmoins, la tradition protestante est multiple. Le piétisme, par exemple, n'a pas eu les mêmes réticences que les fondateurs devant l'idée d'imitation du Christ...

La question qui se pose est surtout de savoir si Luther et Calvin se sont eux-mêmes écartés de l'idée d'humilité telle qu'elle apparaît dans la tradition qui les précède et dans la tradition catholique qui les suit. Ont-ils réhabilité l'ambition de la réussite dans la vie ou du pouvoir au service d'autrui, autrement dit : ont-ils mis en avant une « bonne ambition » ? Auraient-ils présenté des distances avec la pensée de Bossuet, qui parle un siècle et demi après eux ? Je ne sais, mais nonobstant tous les autres reproches qu'ils pouvaient faire à Bossuet, il me semble qu'ils auraient pu se retrouver dans ses propos. Il ne faut pas confondre, me semble-t-il, Luther et Calvin, hommes du XVIe siècle (Luther surtout, encore proche de la culture médiévale), et les traditions ultérieures, qu'ils ont permises et stimulées. Nous y reviendrons, à propos de l'ambition et des thèses développées par le grand sociologue allemand Max Weber sur les liens entre l'éthique protestante et l'esprit du capitalisme.

La vertu des forts et celle des faibles

Car les temps modernes, à partir du XVIIIe et du XIXe siècle, opèrent un renversement des perspectives. L'ambition devient vertu, et une vertu importante. Au contraire, l'humilité va être sinon méprisée, du moins elle cessera d'être estimée. On pourrait presque dire que l'ambition devient une vertu sociale, tandis que l'humilité se transforme en vertu individuelle, privée. On peut ne pas aimer les ambitieux, mais on apprécie et on loue l'ambition, tandis qu'on louerait volontiers les humbles, alors que l'humilité n'est pas aimée : elle fait figure de passivité, de faiblesse, de peur devant un monde de concurrence où les forts s'affirment, de manque... d'ambition justement. D'autant plus que ces vertus – ou ces non-vertus – se sont déplacées du monde religieux et politique au monde social et économique. Là on apprécie les ambitieux qui ont des idées et qui prennent des initiatives, ceux qui prennent le risque de créer et de réaliser, les chevaliers du neuf et de l'esprit d'entreprise, les « jeunes loups » qui vont de l'avant sans trop regarder ni aux obstacles ni aux voisins à qui il faut marcher parfois sur les pieds.

Notre époque aime et célèbre la réussite, et donc l'ambition de réussir. Au contraire, dans le monde économique, l'humilité – ou trop d'humilité – est jugée sévèrement. Je ne dis pas qu'un ambitieux ne peut pas être humble (encore que ce soit difficile : la tradition ne se trompait pas sur ce point), mais cette humilité, je l'ai dit, est en quelque sorte d'ordre privé, personnel. On peut certes apprécier les humbles, parce que générale-

L'humilité ou l'ambition ?

ment ils sont aussi doux, et il fait bon vivre avec eux. Mais ils ne sont pas de ceux qu'on convoque pour faire des affaires et pour réussir dans la vie. Dans une société de concurrence et de compétition, l'humilité n'est pas à la hauteur de ce qui est exigé. Au contraire, la fortune ne sourit-elle pas aux ambitieux ?

Et, du reste, n'exige-t-on pas aujourd'hui des jeunes qu'ils soient ambitieux, qu'ils aient « envie de se battre » pour réussir ? À n'importe quel candidat à un emploi ou à une situation on donne des conseils de ce genre. On est certes sévère pour les ambitieux proclamés qui n'ont pas les moyens de leur ambition, ou envers ceux qui chutent par rapport à ce qu'ils espéraient. Mais on est sévère aussi envers l'humilité de ceux qui réussissent, car on y soupçonne souvent une fausse humilité, de l'hypocrisie : on n'y croit guère. Or là, on entre dans l'ère moderne du soupçon.

Depuis Friedrich Nietzsche, en effet, l'humilité n'est pas ou n'est plus la vertu des forts, mais celle des faibles, des gens qui ont peur de la vie, des grandes passions vitales. Les humbles sont des faibles et des peureux qui se donnent les couleurs de la vertu. Ils détestent les véritables vertus, qui sont la force, le courage, le goût du risque, la volonté de puissance, tout ce qui naît de l'instinct. Nietzsche écrit même : « *L'Imitation de Jésus-Christ* fait partie des livres que je ne puis prendre en main sans éprouver moi-même une résistance physiologique » (*Le Crépuscule des idoles*). À ses yeux, les humbles vivent de ressentiment. Ce sont des gens qui spiritualisent leur impuissance, leur haine de la vie. Nietzsche en tout cas vitupère avec véhémence les valeurs chrétiennes : l'humilité, la douceur, l'ascèse, l'amour du prochain. Ce sont toujours, selon lui, des signes de faiblesse, au sens où l'on cache, sous des pseudo-valeurs, sa haine de la vie, son refus de dire « oui » à l'existence telle qu'elle vient, autrement dit son nihilisme. L'Évangile des humbles est, pour Nietzsche, une morale du néant.

Je ne crois pas que beaucoup de nos contemporains le suivent de façon réfléchie dans cette voie. Beaucoup, probablement, ne l'ont jamais lu. Mais dans nos sociétés affleure souvent un nietzschéisme grossier, vulgaire, une mentalité où domine le culte de la force, de la réussite qui ne regarde pas aux moyens, des places où l'on efface sans scrupules les rivaux, ou encore une éthique de la dérision cynique et du relativisme généralisé.

Je prends acte ainsi du changement de mentalité qui s'est imposé par rapport à l'humilité et aux valeurs semblables. Nous ne sommes évidemment pas obligés de suivre les modernes sur ce terrain, mais nous avons acquis une conscience plus lucide des pièges de l'humilité, et nous sommes devenus conscients que toute ambition ne mérite pas réprobation, que toute ambition n'est pas opposée à

L'humilité ou l'ambition ?

l'Évangile, et qu'on ne peut plus parler comme *L'Imitation* et Bossuet. Jésus lui-même, avec la parabole du pharisien et du publicain, stigmatise la fausse humilité. Par ailleurs, il ne condamne pas le pouvoir, mais rappelle que le but de tout pouvoir est le service. Nous sommes ramenés ainsi – les chrétiens en tout cas, mais finalement les autres aussi – au critère central de l'Évangile : l'amour et le service du prochain. Donc, non pas l'ambition et l'humilité en soi, non pas l'humilité par mépris du monde et pas non plus l'ambition pour parvenir au pouvoir, mais l'une et l'autre comme des valeurs qui nous font grandir au service d'autrui, de quelque chose qui nous dépasse, qui est bien au-delà de notre perfection et de notre réussite personnelles. Et, du coup, on arrive à ce paradoxe : la vraie humilité « se moque » de l'humilité et, trop souvent, l'ambition pèche par défaut. Beaucoup ne sont pas assez ambitieux, ils vivent d'ambitions trop futiles, trop inutiles : une nouvelle face de montagne à gravir, une mer à traverser, un poste à atteindre..., pourquoi pas ? Mais beaucoup oublient dans ces divertissements le « juste désir de faire de grandes actions » au service d'autrui (Bossuet).

La Réforme et l'ambition

La Réforme a-t-elle anticipé la réhabilitation de l'ambition ? Les protestants aiment aujourd'hui rappeler la célèbre thèse de Max Weber sur l'éthique protestante et l'esprit du capitalisme : c'est-à-dire la thèse d'un rapport intrinsèque entre la conception protestante de la vocation, du métier accompli avec sérieux et rigueur, et la naissance de l'économie moderne, de l'entreprise moderne de type capitaliste. Le dynamisme et la réussite dans les entreprises humaines ne prouvent-ils pas qu'on est un élu de Dieu, ne sont-ils pas un signe de bénédiction et d'élection ? Malgré des critiques ou des réserves diverses, la thèse de Weber a fait son chemin, et elle est assez largement acceptée aujourd'hui. Et elle justifie l'esprit d'entreprise, la « besogne » active dans le monde, l'ambition à une promotion de chacun. En tout cas, comme je l'ai dit, les liens, en général, entre la Réforme et l'avènement du monde moderne en de nombreuses dimensions sont admis.

Cependant, par rapport à notre thème, il importe d'avoir quelques réserves en tête : selon Weber, ce sont *certains* protestants – des groupes de puritains avant tout – qui ont vécu d'une éthique qui a favorisé l'entreprise moderne de type capitaliste. Ce n'est pas Calvin lui-même mais, indirectement, sa théologie de la prédestination qui a influencé ces groupes, dans un sens que Calvin n'avait certainement pas prévu. D'autre part, si l'on admet cette invention protestante du capitalisme, je rappelle qu'on a aussi critiqué cet aspect : on s'est demandé comment une commu-

L'humilité ou l'ambition ? 115

nauté qui se réclame de l'Évangile pouvait admettre une éthique capitaliste si peu fraternelle, si souvent basée sur des rapports de force et sur des rapports interhumains si durs, si abstraits – au nom de la réussite.

Enfin, il faut se méfier d'un recours abusif, instrumental, à la thèse de Max Weber, au risque de la pervertir totalement. Ainsi, des groupes de pentecôtistes qui s'établissent en Amérique latine invoquent la thèse webérienne pour « prouver » la supériorité économique du protestantisme. Pour bien le montrer, les pasteurs de ces groupes sont invités à garer devant le temple leurs voitures luxueuses et rutilantes, donc à étaler leur richesse. Mais ce faisant, ils oublient totalement un aspect essentiel chez Weber : les puritains qui sont à l'origine de l'« esprit du capitalisme » vivaient dans une grande frugalité, un renoncement personnel intense aux richesses. L'esprit d'entreprise et la réussite qui s'ensuivait n'avaient aucune valeur en eux-mêmes et n'étaient nullement destinés à éblouir autrui : ils avaient un sens profondément religieux, liés qu'ils étaient (dans la thèse de Weber) à l'angoisse du salut que provoquait la conception calviniste de la prédestination. Ces rappels ne sont pas destinés à diminuer les mérites de la tradition protestante, mais à souligner que la modernité protestante ne permet pas d'évacuer d'un revers de main l'humilité évangélique : elle l'a modulée autrement et, en tout cas, elle est aux antipodes de tout cynisme, de l'orgueil des richesses et, a fortiori, du nietzschéisme ambiant. L'éthique protestante n'évacue pas l'humilité : on ne peut toujours en dire autant de tout esprit du capitalisme !

Pour conclure

Nous ne pouvons plus suivre entièrement la tradition. Elle a exagéré la place de l'humilité, pour ne pas dire de l'humiliation. Trop souvent, elle était liée au mépris du monde, à la tradition de l'Ecclésiaste, pour qui « tout est vanité ». Nous avons une conception plus positive de la vie. Nous sommes plus sensibles à l'incarnation de Dieu en ce monde. Nous savons aussi, aujourd'hui, que les vues de *L'Imitation* et de Bossuet étaient trop liées à un monde et à une société immobiles, où la principale vertu de chacun consistait à demeurer dans la place que Dieu lui avait assignée... Autrement dit, les vues de toute une tradition chrétienne étaient trop portées par une culture dominante de passivité, dans un monde où la vie était courte et où l'essentiel consistait à faire son salut en vue de l'au-delà.

Mais l'ambition d'être heureux ici-bas ne nous paraît plus aussi déplacée et illégitime que chez les Anciens, et l'ambition tout court ne nous semble pas totalement dépourvue d'esprit évangélique.

Bref, les choses, pour nous, ne sont plus aussi tranchées, aussi manichéennes : la bonne humilité contre la mauvaise ambition. Nous devons partout et en tout temps « discerner ce qui est bien », comme dit Paul. C'est une tâche toujours à refaire. Elle est plus difficile que les assurances sereines d'autrefois, mais aussi plus passionnante, finalement, que le combat spirituel d'autrefois, aux lignes trop bien tracées.

BIBLIOGRAPHIE

THOMAS A KEMPIS, *L'Imitation de Jésus-Christ*, trad. Félicité de Lamennais, coll. « Points-Sagesse », Le Seuil, 1961 ; Cerf, 1989.

BOSSUET, *Sermons et Oraisons funèbres*, coll. « Points-Sagesse », Le Seuil, 1997.

MAX WEBER, *L'Éthique protestante et l'esprit du capitalisme*, Plon, 1969.

ARIEL COLONOMOS, *Églises en réseaux*, Presses de la Fondation nationale des sciences politiques, Paris, 2000 (à propos des pentecôtistes en Amérique latine).

Vraie et fausse humilité, bonne et mauvaise ambition

par Alain Houziaux

Certains mots suscitent un malaise. « Humilité » en fait partie. Sans doute parce qu'il sent la sacristie. Sans doute aussi parce qu'il évoque une attitude d'esprit qui n'est plus à la mode : le consentement muet au malheur, l'abolition de la vigueur de vivre, l'effacement de la personne sous la bure du moine. Mais, me semble-t-il, il faut dépasser cette allergie. La véritable humilité, ce n'est pas cela. Et ce n'est pas non plus la dépréciation de soi, ni le fait de se complaire dans ses défauts et ses carences.

La véritable humilité, c'est se remettre à sa juste place. De même que la Terre n'est pas le centre de l'univers, de même je ne suis pas « au centre » ; je ne suis qu'un parmi d'autres. Je ne suis qu'un fil parmi d'autres dans le tissu que constitue l'humanité. Je ne suis rien d'autre que l'une des notes du morceau de musique que joue l'histoire. Dostoïevski dit plus précisément que chacun d'entre

L'humilité ou l'ambition ?

nous est une encoche sur le rouleau d'un orgue de Barbarie : nous ne jouons pas notre air, mais bien plutôt « nous sommes joués », de manière passive, par la roue de l'histoire qui est au service de la main de Dieu.

Tandis que la fausse humilité consiste à se juger et à se condamner, la véritable humilité consiste à s'aimer soi-même comme l'un quelconque des membres du corps souffrant et pécheur de l'humanité. Elle consiste à savoir que l'on est immanquablement « contourné » dans du « bois courbe[1] » et que l'on est ainsi, par nature, inapte à faire le bien. L'humilité, c'est l'acceptation du péché originel. La doctrine du péché originel nous rappelle que notre propension au mal est « innée ». Ce qui signifie que nous n'y sommes pour rien. Et l'humilité consiste à accepter d'être pécheur, « incapable par soi-même de faire le bien ».

Cette humilité, c'est celle à laquelle a été appelé le jeune homme riche, lui dont l'ambition apparemment louable était de vivre de manière sainte et parfaite. Jésus lui demande de renoncer à cette prétention, de devenir humble et d'accepter de reconnaître qu'il est et restera imparfait. Et pour cela, il lui demande de renoncer à tous ses biens.

---

1. L'expression est de Kant. Mais Luther parle aussi du « recourbement de l'homme sur lui-même ». Notre regard sur le monde et sur autrui se « recourbe » vers nous-mêmes et vers notre désir personnel. Nous ramenons tout à nous-mêmes.

Le jeune homme a le choix entre deux possibilités qui toutes deux doivent le conduire à l'humilité. S'il choisit d'aller jusqu'au bout de son ambition de perfection et si, pour tenter d'être parfait, il donne tous ses biens aux pauvres, il découvrira (nous l'avons montré précédemment[1]) que, privé de tout bien, il ne pourra même plus accomplir les exigences les plus élémentaires du Décalogue[2]. En conséquence, il devra reconnaître son incapacité à être parfait, et découvrira donc l'humilité. Si, comme cela a été le cas, il refuse de donner tous ses biens aux pauvres, il sera là aussi contraint de renoncer à son ambition de perfection et il découvre l'humilité. Ainsi, contrairement à ce que certains pensent, Jésus, dans sa rencontre avec le jeune homme riche, n'a pas subi un échec : le jeune homme riche a été acculé à l'humilité. Non seulement nul n'est parfait, mais aussi nul ne peut prétendre à faire mieux que les autres.

L'humilité, c'est aussi, dans un sens un peu différent, accepter d'être dépendant des autres[3]. C'est

---

1. Voir notre texte « Les pièges du devoir ».
2. Il ne pourra que manquer à ses devoirs. En effet, il n'aura pas l'argent qu'il lui faut pour acheter les animaux nécessaires aux sacrifices qui doivent être offerts à Dieu, il n'aura pas l'argent nécessaire pour honorer ses parents et les faire vivre pendant leurs vieux jours...
3. Je pense notamment à ces personnes âgées qui n'acceptent pas d'être dépendantes des autres. Elles se sentent humiliées d'avoir besoin qu'on les lave. Il n'y a qu'une différence de regard entre « trouver humiliant d'avoir recours aux autres » et « accepter humblement d'être dépendant ».

L'humilité ou l'ambition ? 121

accepter d'être le bénéficiaire d'une aide, d'une grâce, d'un pardon, d'un don, même si cela a coûté cher à celui qui vous l'accorde, et même si l'on en est parfaitement indigne[1]. Pour illustrer ceci, donnons une petite parabole[2] : nous participons à un banquet, mais au cours du repas, nous découvrons que notre carton d'invitation nous a été envoyé par erreur. Ce carton est un « droit » donné à un « sans droit »[3], l'humilité consiste à l'accepter.

L'humilité, enfin, c'est l'attitude à laquelle est appelé Job à la fin de son combat avec Dieu : « Voici, je suis peu de chose, je mets ma main devant ma bouche[4]. » L'humilité, c'est savoir dire : « Mon Dieu, je m'en remets à toi. J'ai cessé de vouloir chercher le sens et le pourquoi des choses. Chaque jour, je prends une grande feuille à écrire, une grande page blanche, et tout en bas, en guise de signature, je n'écris qu'un seul mot : *Amen*. Et

---

1. Je pense à ce héros de Dostoïevski à qui on tente d'expliquer que les hommes bénéficient de la vie, du salut et du pardon parce que Jésus-Christ, bien qu'innocent, est mort pour eux à leur place. Et il réplique : Le prix payé est excessif, je ne veux pas d'un salut acquis à ce prix.
2. Nous la devons à notre ami Frédéric Révérend, étudiant en théologie protestante.
3. On peut rapprocher cette image d'une autre, plus biblique. Caïn, bien qu'il n'ait aucun droit à la vie, puisqu'il a tué son propre frère, continuera à y avoir droit par grâce seule, par la grâce du signe que Dieu met sur son front.
4. Job 40, 4.

au-dessus de cet *amen* préalable s'écriront les lignes de ma journée. Et cet *amen* préalable leur ôtera leur amertume[1]. »

L'ambiguïté de l'ambition

Aujourd'hui l'ambition est souvent considérée comme une valeur positive[2] alors que, pour la tradition philosophique et morale, le mot avait une connotation négative. Ce qui me gêne dans l'ambition, c'est qu'elle évoque l'amour-propre (elle est définie comme le désir de réussir dans un domaine où l'amour-propre est satisfait[3]), la compétition sociale (l'ambition, au sens étymologique, c'est l'intrigue pour se faire élire[4]) et le désir d'être premier. Dans ce sens, Jésus la dénonce clairement : « Les premiers seront les derniers[5]. »

L'ambition est ambiguë : elle est la recherche d'une promotion personnelle, mais l'ambitieux fait comme s'il voulait servir des intérêts de la société.

---

1. D'après Pierre Charles, *Prières de toutes les heures*.
2. *Cf.* la réprimande du père à son fils paresseux : « Mais tu n'as donc aucune ambition ! »
3. Spinoza, *Éthique*, III : « L'ambition est le désir immodéré de la gloire. »
4. *Dictionnaire historique de la langue française*, sous la direction d'Alain Rey, Le Robert, 1995.
5. *Cf.* aussi, sur la condamnation de l'ambition, Marc 10, 33 *sq.* et Luc 14, 7 *sq.*

L'humilité ou l'ambition ?

Cette ambiguïté est dénoncée dans le récit de la Tentation de Jésus[1]. Satan semble proposer à Jésus d'accomplir un service de nature philanthropique et spirituelle : changer les pierres en pains, se jeter du haut du Temple en faisant confiance aux anges, accepter de devenir le Seigneur du monde pour ainsi pouvoir faire régner le bien et l'amour, ce serait faire œuvre utile et pieuse. En fait, de manière insidieuse, Satan invite Jésus à servir sa propre gloire, et non pas tant à servir autrui.

Par la suite, Jésus accomplit ce que lui avait suggéré Satan. Il multiplie les pains, il se laisse tomber dans la mort, confiant que Dieu le ressuscitera, il promet qu'à la fin des temps il régnera sur le monde. Mais il n'agit ni par ambition ni par une sorte de stratégie volontaire. Lorsqu'il multiplie les pains, Jésus est porté par les circonstances et par les exigences de la situation ; lorsqu'il se laisse jeter dans la mort, c'est sous les ricanements de tous ; et lorsqu'il devient le Roi et le Seigneur du monde, son Royaume s'instaure, non sur sa décision, mais à l'improviste[2], au moment que Dieu a choisi. Ainsi Jésus s'en remet, pour ce qu'il doit faire, non à son ambition propre, mais bien plutôt au hasard, à la nécessité des circonstances et au bon vouloir de Dieu.

À propos de l'ambition, on peut aussi s'interro-

---

1. Matthieu 4, 1-11.
2. « Comme un voleur », I Thessaloniciens 5, 2.

ger sur l'exemple de Joseph, dans le livre de la Genèse. Joseph s'élève de manière continue. Il part de rien, du fond du puits où l'ont jeté ses frères[1], et il devient le bras droit du pharaon. Mais on ne peut pas dire que ce soit par ambition. Il ne cherche pas à réussir. Il ne poursuit pas un objectif. Il s'adapte aux circonstances et il en profite. Il « rebondit », un peu comme un surfer sur la vague. Chaque expérience et chaque épreuve lui permettent d'élargir ses possibilités d'action. Le fait qu'il ait été jeté dans la citerne débouchera sur son départ pour l'Égypte ; le fait qu'il ait été jeté en prison (à la suite de l'épisode Putiphar) lui permet de faire connaître ses talents dans l'interprétation des songes et ainsi de rencontrer le pharaon, etc. À la fin de sa vie, après coup, il constate qu'il a permis la survie du peuple hébreu et que Dieu « a changé le mal en bien[2] ». C'est Dieu qui s'est servi de lui[3] alors que l'ambition, pour lui, aurait consisté à se servir de Dieu. Joseph a servi l'ambition de Dieu, presque sans le vouloir ni le savoir.

Y a-t-il une ambition compatible avec l'humilité ? À cette question, on peut répondre oui. Pour

---

1. Genèse 37, 24.
2. Genèse 50, 20.
3. Joseph n'a pas choisi sa vie. Il était comme prédestiné, par Dieu, à s'élever au-dessus de ses frères. Et ceci lui avait été révélé en songe (Genèse 37, 7) au début de sa vie. Sa vie est la mise en œuvre involontaire de cette prédestination (*cf.* Œdipe, mais dans un tout autre sens).

L'humilité ou l'ambition ?

Luther, l'humilité consiste à accepter l'état dans lequel on se trouve[1] (esclave, soldat, magistrat...), et notre ambition doit être d'accomplir au mieux la *vocation* corrélative à cet état – en effet, pour Luther, le mot *Beruf* caractérise à la fois le métier et la vocation ; le métier est une vocation. L'ambition de bien faire son métier et de bien remplir le devoir relatif à son état (d'homme marié, de citoyen, de paroissien) est donc légitime. Elle peut même être considérée comme un devoir et une vocation. Il faut donc faire la différence entre l'ambition pernicieuse qui consiste à vouloir sortir de son état et l'ambition louable qui appelle à accomplir la tâche et la mission qui vous incombent.

Mais il est clair que bien faire ce que nous avons à faire ne nous confère aucun mérite. Bien plus, cela ne peut être ni une manière de légitimer notre existence ni une manière de la justifier ; cela ne donne aucune raison d'être à notre vie. Il nous faut, certes, avoir l'ambition d'accomplir notre vocation en ce monde, mais avec le sentiment de rester « étranger et passager sur cette terre[2] ». Pour le dire à la manière de saint Paul[3], que ceux qui s'impliquent dans les tâches de ce monde soient

---

1. Luther fait grand cas de ce verset de Paul : « Que chacun demeure dans l'état où il était lorsqu'il a été appelé » (I Corinthiens 7, 20).

2. Hébreux 11, 13.

3. Dans l'esprit de I Corinthiens 7, 31 : « Que ceux qui usent du monde soient comme s'ils n'en usaient pas. »

comme s'ils ne s'y impliquaient pas. Tout ce que nous entreprenons est vent et poussière, et pourtant notre devoir est de l'entreprendre[1]. Il faut faire son travail comme on balaierait une pièce : avec application, certes, mais aussi avec une sorte de détachement, et même d'indifférence.

« Agis comme si le résultat de ce que tu entreprends ne dépendait que de toi et en aucune manière de Dieu. Mais agis aussi comme si le résultat de ce que tu entreprends ne dépendait en rien de toi et en tout de Dieu[2] » ; faire toutes choses avec un sérieux méticuleux et pourtant savoir tout abandonner à la Providence.

La seule ambition légitime, c'est celle qui n'oublie jamais que « tout le bruit que nous faisons n'est que vanité[3] » et que tout se termine par la mort et la poussière. Toute autre ambition devient vite une forme d'esclavage vis-à-vis de soi-même. Elle est une manière de vouloir oublier que la seule justification de la vie est en Dieu et par Dieu[4].

---

1. Comme le disait Guillaume d'Orange, « il n'est pas nécessaire d'espérer pour entreprendre, ni de réussir pour persévérer ».

2. Cette maxime, citée approximativement, est d'un disciple de saint Ignace de Loyola. Dans le même sens, Jésus dit à ses disciples : « Soyez vigilants » et juste après : « Dormez et reposez-vous » (Matthieu 26, 41 et 45). Ne rien laisser au hasard et pourtant faire confiance au *que sera sera*.

3. Psaume 39, 6.

4. Donnons une petite parabole pour mieux nous faire comprendre. Nous sommes les acteurs d'une pièce de théâ-

L'humilité ou l'ambition ?

Mais cette « considération de la mort[1] » ne fait pas tort à un très réel amour de la vie. « L'exigence du détachement n'abolit pas nos terrestres amours, mais les rend plus pures[2]. » La mort, cette douce nuit, est certes la vérité ultime de notre vie, mais « ne t'en va pas sans résister dans cette douce nuit. Emporte-toi plutôt contre la lumière qui faiblit[3] ». Telle peut être, telle doit être notre ambition.

---

tre dont nous ne connaissons pas la totalité du livret. Nous avons pour mission et vocation de bien dire ce que nous avons à dire, sans pourtant en comprendre le sens, puisque nous ne connaissons pas le sens de l'intrigue de la pièce que nous jouons. Seuls le metteur en scène et le spectateur, extérieurs à la scène, comprennent le sens de la pièce et la « justification », c'est-à-dire la raison d'être de chacune des répliques et des rôles tenus par les acteurs. Dieu est ce Metteur en scène et Spectateur de l'*opera mundi*, c'est-à-dire de la pièce de théâtre que jouent ici-bas les hommes sans en comprendre le sens. Ainsi, seul Dieu justifie ce qui, pour nous, est absurde et sans justification. Dieu seul connaît le sens de ce que nous avons à faire.

1. Comme le dit Jacques Madaule, *cf.* J. Madaule, *La Considération de la Mort.*
2. A.A. Devaux, *Cahiers S. Weil*, décembre 1993, p. 272.
3. Dylan Thomas, poète anglais (1914-1953).

Table ronde

Croyez-vous vraiment que Jésus-Christ était humble ? Beaucoup lui reprochent de s'être trop pris pour le Fils de Dieu...

GUY GILBERT : Il *est* Fils de Dieu, c'est un fait, notre foi nous le fait dire. Il a été envoyé par Dieu, son Père, et n'en concevait aucun orgueil. L'extraordinaire, c'est que Lui, Fils de Dieu, par amour a vécu dans l'humilité toute sa vie. C'est l'exemple qu'il nous laisse. L'humilité du Christ de sa naissance à sa mort m'a toujours ému.

Peut-on opposer les protestants – qui seraient les tenants de l'ambition – et les catholiques – qui seraient les tenants de l'humilité ?

PIERRE JOXE : Je réponds oui sans hésiter. Il y a une tradition réformatrice chez les réformés, tradition prométhéenne, pour transformer le monde. Parce que la Réforme est née à une période où la

L'humilité ou l'ambition ?

vision du monde se transformait : l'univers, les astres, un nouveau monde au-delà de l'océan... Le monde était nouveau, connaître le monde était nouveau et connaître les Écritures aussi, la Bible se traduisant dans les langues nationales. Il y a là une sorte de pulsion qui fait que le concept d'ambition est possible. L'ambition n'est pas du tout l'orgueil, les confondre est un abus de langage.

ALAIN HOUZIAUX : Il y a quelque chose de vrai dans le rapprochement protestantisme-ambition et catholicisme-humilité, mais de manière superficielle. Le protestant est ambitieux, mais modestement ; les catholiques sont peut-être des humbles, mais ce sont des humbles susceptibles et quelquefois trop sûrs de leur bon droit.

JEAN-LOUIS SCHLEGEL : Il ne faut pas imaginer que le protestantisme a été partout et toujours dans une ligne de réforme, de liberté ou de libération. L'histoire s'est écrite de manière un peu plus complexe !

L'orgueil ne se cache-t-il pas souvent derrière une façade d'humilité, dans une sorte d'ambition à la sainteté ?

G. G. : Bien vu. Vouloir la sainteté, c'est souvent vouloir anticiper avec orgueil ce que le Seigneur ne veut pas forcément. Il veut que nous soyons saints, mais cela nous est impossible sans la grâce de Dieu. Vivre au maximum de ses possibilités sur terre, avec le Livre saint qui nous y aide, c'est tout ce que nous pouvons faire. Soyons ce que nous sommes, et la grâce de Dieu nous mettra sur la route.

J.-L. S. : Toute la littérature sur les saints montre bien comment ils avaient la conscience exacerbée d'être pécheurs jusqu'au fond de leur être, et qu'ils étaient sauvés par la grâce de Dieu.

A. H. : Jésus-Christ nous invite à être parfaits et saints, mais comme le montre sa rencontre avec le jeune homme riche, il décourage l'ambition à la sainteté.

G. G. : Ses dollars, sa Rolls, ses comptes en banques, ses châteaux, ses idées préconçues, c'était pour le jeune homme riche l'essentiel. Il se casse parce qu'il a choisi les dollars. Je pense que le Seigneur l'appelait vraiment à une très grande sainteté.

Quelle différence y a-t-il entre l'ambition et l'orgueil ?

P. J. : L'ambition, si c'est l'attrait pour le pouvoir, la capacité d'agir, n'est pas obligatoirement assimilable à l'orgueil. L'ambition, même si elle sonne mal, est parfaitement honorable dans la mesure où elle se fixe des objectifs qui sont ceux du bien commun. Cela n'a rien à voir avec l'orgueil. Il y a des gens qui sont ambitieux, qui réussissent et qui restent modestes, et il y a des gens qui sont peu ambitieux, qui réussissent peu et qui sont pourtant pleins d'orgueil ! L'ambition de l'entrepreneur de réussir, de se développer et de gagner beaucoup d'argent pour l'investir à nouveau dans l'entreprise et créer des emplois n'est pas tournée vers l'esprit de lucre, c'est un élément qu'on peut trouver dans l'entreprise capitaliste comme dans des organisations bénévoles. L'ambition ne doit pas être traitée de façon péjorative, même si la réussite peut, par la suite, entraîner l'orgueil.

J.-L. S. : Dans la tradition spirituelle chrétienne, l'ambition est constamment menacée par l'orgueil. Une idée force s'est développée : ce monde passe, et l'ambition essentielle doit être de bien se préparer à l'au-delà. L'autre perspective, celle de la tradition calviniste, souligne l'importance de réussir ici-bas, comme signe de la manifestation de l'amour de Dieu. J'admets volontiers cela. Mais je suis sensible au réalisme de la tradition chrétienne : combien d'ambitieux ne succombent pas, en effet, à l'orgueil ? La spiritualité authentique refuse l'angélisme. Je ne suis pas aussi sûr que Pierre Joxe que l'humilité et l'ambition s'accordent facilement. Dans les mots, oui, mais dans les faits ?

G. G. : C'est vrai dans l'Ancien Testament : plus on était riche, plus on était béni de Dieu. Le Nouveau a renversé tout cela : c'est le pauvre, le petit, l'humble qui est béni de Dieu. Regardons le fruit de l'ambition. Est-il un fruit honorable ? Le fruit de l'ambition pour le pouvoir, avec ses rancunes et ses jalousies, pour la possession de biens, pour le paraître, n'est pas ce que Dieu veut. L'ambition d'être au plus haut de soi sur terre est seule valable, à mon sens.

Peut-on être politicien en ayant des convictions chrétiennes ?

P. J. : Il ne faut pas assimiler systématiquement vie politique et pourriture ! Les élus, en France, sont élus par le peuple dans des conditions libres, et quand les électeurs n'en veulent plus, ils ne sont plus élus. Cette situation est le résultat de notre histoire et mérite d'être défendue. Des pourris, des corrompus, il y en a beaucoup dans d'autres secteurs que la vie publique ! Il est salubre que la faute d'un élu public soit considérée comme un scandale. En tant qu'homme politique, il n'y a pas de modèle. La seule règle à s'imposer, c'est de ne transiger ni sur les questions relatives à l'argent ni sur l'usage de la violence. Parce que la politique est avant tout le monopole de l'usage de la force.

Guy Gilbert, que feriez-vous si vous étiez ministre de l'Intérieur ?

G. G. : Je suis du côté de la victime et à côté de l'agresseur pour empêcher qu'il ne fasse d'autres victimes. Comme ministre de l'Intérieur, dans ma ferme, quand un jeune m'insulte, et si aucune autre intervention n'est vraiment possible, je lui fiche une droite évangélique dans la figure... Si j'étais ministre au gouvernement, je dirais aux policiers : « Vous avez le métier le plus noble au monde, parce que vous êtes au cœur de la souffrance humaine. Alors, vivez bien ce métier ! »

J.-L. S. : Si humilité et ambition sont deux grandes vertus, leur critère commun est : « Pas pour soi, mais pour autrui ». C'est le critère évangélique par excellence : l'amour du prochain.

L'indépendance ou l'engagement ?

Solidaires ou solitaires ?

par André Gounelle

Constamment des tensions et des contradictions traversent l'existence humaine, et aucun de nous n'y échappe. Pascal parlait de la « duplicité » de l'être humain, par quoi il entendait non pas (ou pas seulement) que nous sommes faux, ou fourbes, mais que nous sommes partagés et incohérents. Sans cesse nous sommes tiraillés entre des désirs contraires, entre des besoins opposés, entre des aspirations incompatibles. Chaque fois que nous allons en un sens, que nous prenons une option, le sens et l'option inverses se rappellent à nous, nous sollicitent dans une sorte de retour du refoulé, ou de resurgissement de ce que l'on a voulu enfouir, écarter ou éliminer. À cause de cela, l'être humain a quelque chose de déconcertant. Comme l'a écrit Sartre, dans une phrase aussi juste que paradoxale : « Il est ce qu'il n'est pas, il n'est pas ce qu'il est. » On pourrait dire également qu'il veut toujours autre chose que ce qu'il veut.

Ce thème, « L'indépendance ou l'engagement »,

indique l'une de ces tensions qui selon les cas nous stimulent, nous dynamisent, ou nous abattent et nous déchirent. Indépendance ou engagement, comment choisir, et comment concilier les deux ? Nous tenons à notre autonomie, à notre jugement personnel, à notre capacité de décider par nous-mêmes, de nous déterminer librement. Nous tenons tout autant aux compagnonnages, aux appartenances, aux attachements qui nous constituent. Il y a quarante ans, pour concilier les liens coloniaux avec le droit des peuples à disposer d'eux-mêmes, on avait inventé en politique une formule à la fois superbe et vide : « L'indépendance dans l'interdépendance. » Elle traduit bien ce souhait à la fois profond et impossible d'être à la fois engagé et dégagé, de faire partie d'un ensemble en restant à part, de vivre une relation forte sans se lier, de ne jamais cesser de dire « je » et de parler en son seul nom personnel, tout en ayant la possibilité d'exprimer et d'incarner un « nous », de porter un discours commun. Comme le héros d'une nouvelle de Camus, nous ne savons pas très bien si nous voulons, si nous pouvons et si nous devons être solidaires ou solitaires.

Cette tension, je voudrais l'examiner à partir de quatre cas choisis parmi d'autres possibles : celui du philosophe ou du penseur, celui de l'intellectuel, celui du conjoint dans un couple, et celui du croyant – en particulier, du théologien. Ma thèse est que, chaque fois, l'indépendance et l'engagement doivent se combiner, s'articuler, se servir et s'enrichir mutuellement, dans des tensions qui ne sont, certes, ni faciles, ni confortables, ni reposantes, mais qui m'apparaissent nécessaires, dynamiques et fécondes.

Le philosophe

S'il y a une activité humaine qui, par principe, demande indépendance, autonomie et solitude, c'est bien l'exercice de réflexion. Elle implique que l'on observe, examine et conclue par soi-même (même si on le fait en s'aidant des autres), et donc qu'on prenne ses distances, que l'on s'isole, que l'on se débarrasse de tout ce qui pourrait peser sur l'intelligence, l'influencer, brouiller sa perspicacité et fausser son jugement.

C'est ce que fait Descartes, comme il le raconte dans des textes célèbres. Quand il veut réfléchir, il profite d'une période de tranquillité, d'un temps où il n'a ni affaire pour l'occuper ni compagnie pour le distraire. Un jour de l'hiver 1619, au cours d'un voyage en Allemagne, il s'enferme dans une pièce bien chauffée, qu'il appelle un « poêle » (pour penser, il vaut mieux se rendre indépendant aussi du froid). Il oublie tout ce qu'on lui a appris, et dans le silence, dans le calme, dans l'isolement, paisiblement, il médite. Son *cogito ergo sum* peut se comprendre comme l'affirmation du sujet autonome qui apprend à penser indépendamment, en rejetant le « nous », et qui s'affirme en tant que « je », seule source et unique référence de sa propre réflexion. Pour pouvoir solidement philosopher, il lui a fallu se dégager de ses maîtres, de l'enseignement reçu, se dégager des soucis, problèmes et activités du quotidien, se dégager aussi des intérêts et des passions qui dévoient la réflexion. La recherche de la vérité exige « un entier dégagement de passion », écrit la *Logique de Port-Royal*. Elle demande de n'avoir « aucuns soins ni passion », lisons-nous dans le *Discours de la méthode*. Descartes donne ainsi l'image, souvent reprise par la suite, du penseur, travaillant dans le silence et le calme d'une tour d'ivoire, coupé du monde extérieur et indifférent à ce qui s'y passe.

Cent soixante ans après Descartes, un autre très grand philosophe, Emmanuel Kant, dans un petit opuscule programmatique intitulé *Qu'est-ce que les Lumières ?*, invite ses lecteurs à sortir de la minorité, qu'il définit comme « l'incapacité de se servir de son intelligence sans la direction d'autrui ». Il exhorte le penseur à devenir majeur, c'est-à-dire autonome, en s'affranchissant des tuteurs. Plus qu'il ne s'engage par décision, le mineur est engagé, car beaucoup de nos engagements – par exemple, notre nationalité, notre famille – s'imposent à nous plus que nous ne les choisissons. Mais qu'il soit voulu ou accepté, l'engagement implique qu'on renonce à faire usage de sa raison, qu'on

L'indépendance ou l'engagement ?

laisse à d'autres le soin de réfléchir et de trancher. De toutes parts, note Kant, on nous dit : « Ne raisonnez pas. » Ne raisonnez pas, parce que vous êtes engagés vis-à-vis du pays, de l'Église, de la famille à laquelle vous appartenez. Il vous faut suivre, obéir, vous conformer, sinon vous devenez un rebelle, un insoumis, un déloyal. Et sans doute, reconnaît Kant, la vie sociale exige de tels engagements, et donc une perte partielle de liberté, partielle parce qu'on a toujours le droit à ce que Kant appelle « un usage privé de sa raison », à se plier aux consignes explicites ou implicites et à n'en penser pas moins. À l'inverse, dans le domaine de la réflexion, dans le monde des lettrés, on jouit, je cite, de « la liberté sans restriction de se servir de sa propre raison et de parler en son nom propre ».

L'indépendance caractérise donc la véritable pensée, et on ne peut philosopher que librement, sans tenir compte des conventions, sans se laisser entraver par ses multiples attaches et appartenances. S'ensuit-il que le penseur soit dégagé de tout ? Je ne le crois pas. La démarche de Descartes et celle de Kant impliquent, en fait, un double engagement.

D'abord, un engagement exigeant dans l'activité même de penser. Ils choisissent de faire usage de leur raison, de chercher, avec le plus de méthode et d'exactitude possibles, la vérité. Ils ne refusent pas de s'engager, au contraire ils s'engagent dans une réflexion indépendante. Il y a chez eux une décision en faveur de l'authenticité, de la liberté, de la rigueur, de la justesse de la pensée que l'on pourrait assimiler aux vœux que, dans un autre domaine, prononce un moine, et qui l'engagent pour la vie.

Ensuite, Descartes et Kant n'ont pas gardé pour eux leurs réflexions. Ils les ont publiées et, donc, ils les ont partagées ou en ont fait part. Ils se sont adressés à des lecteurs, et se sont donc impliqués dans une activité d'éducation, de formation ou d'incitation à la pensée. Le philosophe a une responsabilité sociale qui l'engage. Il arrive qu'il l'oublie et qu'il devienne un technicien, ou un virtuose de la pensée qui écrit seulement pour ses pairs, pour d'autres spécialistes, dans une sorte de vase ou de cercle clos. Mais bien heureusement, on trouve, et aujourd'hui en plus grand nombre qu'hier, me semble-t-il, des philosophes qui ont le souci d'expliquer, de se faire comprendre, d'éclairer et de guider la réflexion du plus grand nombre. L'indépendance de la pensée devient alors un service public. Loin d'exclure tout engagement, elle fonde un engagement spécifique et lui donne un contenu : il consiste à susciter la réflexion, à aller au-delà des slogans, des mots d'ordre et des consignes, à empêcher qu'on s'enferme dans des habitudes, des conformismes ou des dogmatismes, à aider chacun à se faire une opinion et à décider par lui-même, avec un souci de justesse et de justice. Ce type d'engagement ne s'oppose pas à l'indépendance, mais au contraire en a fondamentalement besoin et l'implique nécessairement. L'indépendance de la pensée conduit à ce type d'engagement. Penser indépendamment engage à favoriser une pensée indépendante.

L'intellectuel

On sait qu'on a commencé à parler d'intellectuels il y a un siècle, au moment de l'affaire Dreyfus, pour désigner des gens à formation universitaire, exerçant pour la plupart une profession libérale (médecins, avocats, professeurs, hommes de lettres) qui demandaient publiquement que soit révisé le procès du capitaine injustement condamné. Par « intellectuel », il faut donc entendre un savant, un érudit, un penseur, un auteur qui ne se situe pas en marge ou en dehors des grands débats sociaux et politiques, mais qui y intervient, qui y prend parti, ses compétences et ses talents donnant un poids particulier à ses prises de position. C'est en ce sens que dans les années qui suivent la fin de la Deuxième Guerre mondiale, existentialistes et communistes ont beaucoup plaidé pour que les artistes, les écrivains, les savants ne s'isolent pas ni ne se retirent dans une indépendance illusoire, mais qu'ils s'engagent, en écho à l'affirmation de Marx que le philosophe n'a pas pour vocation de décrire le monde, mais de le transformer (ou de contribuer à le changer). Ce plaidoyer ne manquait pas, d'ailleurs, d'ambiguïté. Pour les uns, il signifiait que l'intellectuel devait se mettre totalement au service du parti, de la cause, ou de la classe sociale pour lesquels il s'engageait ; pour les autres, qu'il avait une fonction critique à remplir à leur égard. Quand, dans les années 30, André Gide se montre sévère pour la Russie soviétique, ou pour le système colonial français, fait-il preuve d'une indiscipline irrémédiable, inadmissible chez un militant et un patriote, ou, au contraire, sa liberté de jugement rend-elle service ? Trahit-il ou honore-t-il par son indépendance les engagements et les luttes nécessaires, sans lesquels rien ne bougera ? L'engagement n'implique-t-il pas qu'on aide, qu'on appuie ceux qui vont dans la direction qu'on juge être la bonne – même quand il leur arrive de se tromper – et qu'on ne fournisse pas des armes à leurs adversaires ? Comme le disait un théologien à propos de l'Église : « Ma mère a tort, mais elle demeure ma mère, et je reste à ses côtés. »

La Première Guerre mondiale a suscité un débat assez vif entre les tenants de deux conceptions du devoir de l'intellectuel. Un écrivain, alors très connu, Romain Rolland, avait défendu un internationalisme qui faisait passer le sens de l'humain et de l'humanité avant les attachements patriotiques. En 1915, il publie *Au-dessus de la mêlée*, qui lui valut le prix Nobel, mais qui fit scandale et lui

L'indépendance ou l'engagement ?

attira inimitiés et haines des deux côtés du Rhin. Quand des hommes se battent dans des conditions atroces, souffrent et meurent pour leur pays, a-t-on le droit d'aller en Suisse, et de se déclarer « au-dessus de la mêlée » ? N'y a-t-il pas là quelque chose qui ressemble à une trahison ? À force de se vouloir indépendant, ne manque-t-on pas à des engagements essentiels, à des solidarités élémentaires ?

Le débat a rebondi avec un livre de Julien Benda, publié en 1927, et intitulé *La Trahison des clercs*. Pour Benda, le clerc – entendez l'intellectuel – manque à sa mission quand il devient partisan quand il se met au service d'intérêts particuliers aux dépens de la justice et de la raison universelles, quand il se sert de sa plume pour faire de la propagande en faveur d'un camp. Les nationalistes d'alors, souvent maurrassiens ou influencés par Maurras, ont répondu en dénonçant une pensée apatride, un universalisme vide, une justice et une raison abstraites (aujourd'hui on dirait un mondialisme) qui s'affranchissent des liens concrets, des enracinements terriens et des affections charnelles. Je suis homme de ma province avant d'être citoyen du monde, déclaraient-ils, et par la suite beaucoup d'intellectuels, dans les luttes dites de libération, ont proclamé qu'ils appartenaient à un peuple, à une race, à une classe, à un parti ou à un camp, et non pas à une humanité tellement générale qu'elle en devient désincarnée.

Ici, la tension ne se situe pas, me semble-t-il, entre indépendance et engagement, mais entre deux sortes d'engagement et d'indépendance. Va-t-on se lier à l'universel en s'affranchissant du particulier, ou va-t-on se couper de l'universel en se donnant au particulier ? Au moment de la guerre d'Algérie, Camus disait qu'entre sa mère et la justice, il choisissait sa mère – donc le charnel contre l'abstrait, l'engagement affectif contre l'indépendance intellectuelle –, mais cette alternative représentait pour lui un échec, puisqu'il avait recherché une solution qui ne lésât ni l'existence de sa mère ni les exigences de la justice, sans parvenir à la trouver. S'il y avait réussi, alors la tension aurait été dynamique et vivifiante. L'insuccès l'a rendue déchirante, paralysante et destructrice. L'intellectuel s'engage à bon escient, me semble-t-il, quand il cherche à ne sacrifier ni le général ni le singulier, mais s'efforce de les concilier en inventant des solutions inédites. Il n'y arrive pas toujours, loin de là, mais son indépendance, ou sa double dépendance, son refus de se situer unilatéralement d'un seul côté, peut, parfois, heureusement nourrir et féconder son engagement. Indépendance et engagement, dans ce cas, loin de s'opposer, se servent mutuellement.

Le conjoint

Une récente publicité télévisée vante un téléphone mobile dont on peut disposer, en tout cas

L'indépendance ou l'engagement ?   147

pendant un certain temps, sans prendre d'engagement, et les images évoquent ce fantasme, immature et profond, d'avoir un conjoint sans se lier à lui, d'entretenir une liaison forte, prenante, en restant indépendant. Quand, dans une cérémonie de mariage, j'entends les époux se promettre mutuellement de rester unis jusqu'à ce que la mort les sépare, et que je vois les statistiques des divorces, je me dis parfois qu'il serait plus réaliste et plus honnête qu'ils s'engagent à tenter loyalement une vie conjugale, et à rester unis jusqu'à plus ample informé, c'est-à-dire jusqu'à réussite ou échec de l'essai.

Longtemps les États et les Églises n'ont pas voulu admettre le droit des mariés à l'erreur, ni leur accorder une nouvelle chance, après une séparation et un divorce. Même si cette attitude s'expliquait, au moins en partie, par la volonté de ne pas amoindrir le sérieux de l'engagement conjugal et de préserver la femme, qui a longtemps été le conjoint socialement le plus fragile et le plus vulnérable, il n'en demeure pas moins que l'intransigeance pose trop de problèmes, crée trop de souffrances, entraîne trop de malheurs pour qu'on puisse la maintenir. De plus, aujourd'hui, une rapide évolution des mœurs – que l'on peut déplorer ou approuver, ce n'est pas mon propos – a considérablement modifié à la fois la notion et la pratique de la conjugalité, et fait apparaître de nouvelles manières de vivre ensemble qui auraient stupéfié et choqué nos grands-parents.

Il me semble qu'aussi bien dans la conception classique du mariage que dans les nouvelles formes de conjugalité, l'articulation entre l'engagement et l'indépendance reste très délicate, et explique bien des frustrations.

Classiquement, on met fortement l'accent sur l'engagement à vie, quoi qu'il arrive, et du coup la vie du couple devient souvent tyrannique pour l'un des conjoints, parfois pour les deux, car elle n'autorise, en principe, dans l'idéal, aucune autonomie, aucune distanciation ni différenciation de l'un par rapport à l'autre. Je me souviens d'un livre écrit par un pasteur au début du siècle qui expliquait que dans un couple véritable et authentique, qui a réussi son union, les deux conjoints devaient toujours s'efforcer d'avoir les mêmes idées, les mêmes opinions, les mêmes goûts, la même religion..., bref, d'être en accord sur tout, ce qui implique bien sûr (mais cela, le livre ne le disait pas) qu'ils renoncent au moins en partie à leur personnalité propre pour s'aligner l'un sur l'autre. Leur engagement réciproque les obligeait à abdiquer toute indépendance. Selon une parole de Jésus, à mon sens généralement mal interprétée, ils devaient cesser d'être deux et devenir un, alors que le mariage, me semble-t-il, consiste à être deux, ensemble certes, engagés l'un à l'égard de l'autre,

L'indépendance ou l'engagement ? 149

mais sans que disparaissent leur différence et leur indépendance.

Aujourd'hui, on privilégie beaucoup plus l'indépendance. L'engagement conjugal devient conditionnel et provisoire et il en résulte une fragilité non seulement du couple mais aussi de chacun des conjoints. Ils subissent fortement les inconvénients de la précarité qui, à la longue, finit toujours par user et détruire. Ils n'ont jamais l'assurance de pouvoir compter l'un sur l'autre, de pouvoir, en cas de coup dur, se reposer l'un sur l'autre. L'indépendance, trop bien préservée, les condamne à une solitude et à une insécurité, que l'on peut à certains moments assumer sans difficulté et même joyeusement et positivement, mais qui dans d'autres occasions deviennent très lourdes à porter. Je laisse de côté la question, pourtant importante, d'éventuels enfants qui éprouvent le besoin d'un minimum de solidité et de permanence. Ils sont trop dépendants, en tout cas les premières années de leur vie, pour supporter l'indépendance de leurs parents. Comprenez bien que quand je parle ici d'engagement ou d'indépendance, il ne s'agit pas de savoir si on est ou non légalement, juridiquement marié. Je vise l'attitude personnelle, la manière dont on comprend et dont on vit la relation avec l'autre.

Comment trouver le juste équilibre, la bonne articulation entre l'engagement et l'indépendance dans la vie du couple ? Si j'avais une recette, j'ouvrirais un courrier du cœur. Je pense qu'il appartient à chaque couple de découvrir et d'inventer pour son propre compte un engagement qui n'opprime ni ne supprime l'indépendance de chacun, et une indépendance qui ne soit pas refus de sa responsabilité envers l'autre. Là aussi, la tension peut être vivifiante et stimulante si on arrive à maintenir ensemble les deux pôles, et destructrice si l'un annule l'autre.

Le croyant

Dans le Nouveau Testament, et dans la tradition chrétienne en général, on affirme constamment d'un côté que la foi affranchit, libère, que de l'autre elle engage, voire qu'elle asservit. L'apôtre Paul se dit souvent « esclave du Christ », et aux Corinthiens il écrit qu'il se veut leur esclave à cause du Christ (nos versions préfèrent traduire par « serviteur »). Et, pourtant, en particulier dans l'Épître aux Galates, il insiste sur la liberté que donne le Christ. Il y a là une tension qui se situe à trois niveaux.

D'abord, à celui de notre propre personnalité. En proclamant que Dieu donne le salut gratuitement, le message évangélique débarrasse du souci de soi, il délivre du poids d'avoir à construire sa valeur et sa dignité par ses comportements, ses actions et ses œuvres. L'indépendance condamne à donner par soi-même sens à sa vie, tâche écrasante, vouée à l'échec. Si l'indépendance apparaît dans cette perspective comme un engagement qui enchaîne à un boulet trop lourd, à l'inverse la dépendance d'une parole ou d'un acte de Dieu dégage d'une entreprise démesurée, et rend indépendant à l'égard de soi. Même si nous avons toujours le souci de bien faire, même s'il nous faut encore bâtir notre vie, cette tâche peut s'accomplir tranquillement et ne représente plus un poids excessif, parce que Dieu s'est engagé envers nous, parce que nous sommes engagés par Lui.

Le second niveau est celui des relations avec les autres. Dans son traité *De la liberté chrétienne*, Luther a écrit que le croyant n'est assujetti à personne et qu'il est assujetti à tous. Le fait de ne dépendre de personne, de n'avoir pas d'obligation envers qui que ce soit lui permet de servir et de s'engager à fond, parce que cet engagement exprime non une dépendance, mais une liberté. Ici, l'indépendance rend libre, et cette liberté conduit à s'engager.

Enfin, troisième niveau, la même dialectique opère dans la relation du croyant avec Dieu. On serait tenté de la définir comme un engagement absolu « de tout son cœur, de toute son âme et de toute sa force », ce qui implique une dépendance sans réserve, et demande une obéissance *perinde ac cadaver*, selon la formule d'Ignace de Loyola (qui en excepte, cependant, ce que la conscience défend). Je me méfie de telles affirmations qui relèvent plus du fanatisme que de la foi. D'abord, parce qu'il importe de distinguer Dieu de ce qui parle en son Nom, des affirmations qu'on Lui attribue, de ce qui entend Le représenter, de l'idée que l'on en a. Dans notre relation avec Dieu, il faut rester critique, indépendant, et toujours se demander, comme le serpent de la Genèse, si Dieu a bien dit cela. Ne s'agit-il pas plutôt de ce qu'on Lui fait dire ? À mon sens, le serpent pose une bonne question. Il devient menteur et séducteur, ensuite, quand il contredit la parole, non pas lorsqu'il s'enquiert si elle vient vraiment de Dieu. Pour ma part, je pense qu'Abraham, quand il reçoit l'ordre de sacrifier Isaac, au lieu d'obéir *perinde ac cadaver*, aurait été bien inspiré de se demander : « Est-ce Dieu[1] qui dit cela ? » (ou : « Est-ce cela[2] que dit Dieu ? »). Il aurait alors, sans doute, découvert que Dieu ne demande pas des morts, comme les divinités phéniciennes qui entendaient représenter l'être ultime, mais qu'Il libère, délivre, veut et donne la vie, ce que l'ange révélera à la fin de l'épisode. Le discer-

---

1. On sait que le nom donné à Dieu n'est pas le même au début et à la fin de l'épisode, ce qui fait qu'on peut se demander si au début il ne s'agit pas d'une « divinité » (un *élohim*) et à la fin du Dieu biblique (YHWH).

2. Certains exégètes disent que le verbe utilisé en Genèse 22, 2 peut signifier « consacrer » et pas seulement « sacrifier ».

L'indépendance ou l'engagement ?

nement, que permet l'indépendance, aurait conduit le patriarche à mieux servir Dieu et à mieux en témoigner qu'un engagement aveugle. Pour rétablir la situation, pour le rendre indépendant de Moloch, il a fallu que Dieu s'engage en témoignant de Lui-même auprès d'Abraham.

Ensuite, il existe, surtout dans le Premier Testament, toute une tradition de débat, de dispute, de contentieux avec Dieu. Avec une hardiesse étonnante, qui mélange de manière indissociable adoration et blasphème, le croyant le plus engagé demande à Dieu des comptes, entre en querelle, presque en procès avec Lui. La force de son engagement fait surgir une indépendance et permet une liberté plus grande qu'une quelconque autonomie. Je termine ce paragraphe sur le croyant par un mot sur la situation du théologien, c'est-à-dire du croyant qui se soucie de penser sa foi. Qu'il soit professionnel ou amateur, universitaire ou inculte, peu importe, du moment qu'il réfléchit, qu'il essaie de comprendre et de connaître ce qu'annonce, enseigne et implique sa religion, le croyant devient théologien.

Comme tout croyant, le théologien a entrepris et poursuit une démarche de foi, qui détermine sa vie et le prend dans ce qu'il a de plus profond et de plus essentiel. Il met également en route un processus de réflexion. En tant que penseur, il porte un regard analytique et critique sur la foi dont il vit. Il l'examine, en discute les rites et les pratiques. Il s'interroge sur le bien-fondé de ses enseignements, sur la pertinence de ses doctrines. Il observe, dissèque et juge les contenus et les expressions de la foi et, en même temps, il en témoigne, les proclame, les explique, et éventuellement les défend. Il doute de ce qu'il croit, et il croit ce qu'il met en doute. Dans sa réflexion, il se veut indépendant et libre à l'égard des Églises, il ne se contente pas de réciter et de commenter leur catéchisme (parfois comme Luther, il le conteste et se révolte). Pourtant sa recherche, ses écrits, ses propos tendent, en dernière analyse, à les servir, à travailler pour elles. Il blesse pour guérir et assainir. Il ébranle pour consolider, et il secoue parfois tellement qu'il frôle la ruine et la destruction. Il ressemble à un artificier qui manie de la dynamite pour préparer une construction, mais risque de tout faire sauter. Pensons à un Loisy, à un Hans Küng, à un Robinson, à un Bultmann, et à ces théologiens de la mort de Dieu dont on parlait beaucoup il y a trente ans. On les a tous accusés de démolir la foi, qu'ils voulaient purifier, rendre plus authentique et confirmer. Ils ont été des anges et des messagers en même temps que des démons et des démolisseurs. Dans les Églises, on les redoute et on les souhaite à la fois, on les craint et on en a besoin.

Le théologien vit, ainsi, constamment sur une corde raide, dans une tension inévitable entre l'acceptation et la mise en question, entre son engagement existentiel et l'indépendance de sa réflexion, entre l'implication nécessaire que demande toute religion authentique et la distanciation indispensable à une véritable pensée. Il se trouve pris dans un combat pour que la foi, la piété, la consécration n'éliminent pas en lui la lucidité et l'honnêteté intellectuelles, et pour que, à l'inverse, l'analyse et la critique n'étouffent pas, ne détruisent pas son engagement et sa foi. Il se situe ainsi entre la fidélité fervente que guette le fanatisme et l'incroyance raisonneuse que menace le vide sceptique. Il lui faut recevoir, écouter, obéir avec la simplicité de l'enfant, et discuter, contester, passer au crible en usant de toutes les ressources d'une raison méfiante et autonome. L'engagement et l'indépendance lui sont également nécessaires. Cette situation difficile du théologien fait « sa grandeur et son fardeau », comme l'écrit Paul Tillich.

Deux écueils le menacent constamment : d'une part, celui d'une religion irréfléchie, quand l'engagement de la foi vient freiner, arrêter et disqualifier l'indépendance de la pensée ; d'autre part, celui d'une réflexion incroyante, quand l'indépendance de la pensée élimine, détruit ou discrédite l'engagement de la foi. Cette tension conduit parfois à un désastre, mais il arrive aussi qu'elle soit féconde, qu'elle donne à la foi un nouvel élan, une ampleur accrue, une force multipliée, comme on le voit au temps de la Réforme. À nouveau, il faut apprendre à allier l'indépendance avec l'engagement.

Pour conclure, je dirai qu'il y a un certain repos dans un engagement qui vous prend totalement : on n'a plus à s'interroger, à décider, mais à obéir, à suivre, à se conformer. Il y a un certain confort dans une farouche indépendance : on n'a plus à tenir compte des autres, à assumer des solidarités, à accepter et à inventer des compromis. Associer engagement et indépendance demande beaucoup plus d'efforts, et se heurte à des difficultés qui parfois peuvent paraître insurmontables. Pourtant, il me semble que la seule attitude responsable et juste consiste à tenter de les articuler. Y réussir ne dépend pas seulement de nous, mais relève de ce que, en chrétien, j'appelle la grâce.

L'indépendance de l'engagé

par le général de La Presle

Globalement, la thèse que je voudrais défendre est la suivante : il n'y a pas d'engagement fructueux sans indépendance d'esprit, et liberté de choix. Et, corrélativement, il n'y a pas de véritable indépendance pour qui ne vit pas un engagement fort au service d'une cause qui le dépasse, et pour qui n'est pas prêt à subordonner son propre destin à un destin collectif, quels qu'en soient le niveau et la nature.

Les notions d'indépendance et d'engagement ne sont donc pas, pour moi, antinomiques, mais au contraire complémentaires. Pour traiter cette idée, j'évoquerai successivement trois points.

D'abord, le problème du choix du maître au service duquel je décide de m'engager ; puis, celui du respect par le maître de l'engagement du serviteur ; enfin, les conflits générateurs de rupture d'engagement, et de choix d'un nouvel engagement, ou plus souvent d'une nouvelle forme du même engagement.

Le choix du maître

Pour un soldat, le terme d'« engagement » est particulièrement fort, dense, intense. Le légionnaire s'engage pour cinq ans à servir avec honneur et fidélité l'institution qui devient sa patrie, sous la devise *Legio patria nostra*. Après sa formation initiale, il devra probablement, ici ou là, engager le combat.

En tout cas, rapidement, il ne manquera pas d'être engagé dans une opération type Bosnie ou Kosovo, engagement qui l'amènera à mettre en jeu sa vie, celle de ses frères d'armes, celle de ses adversaires. Un tel engagement ne peut être, à mon sens, épanouissant et pleinement vécu que s'il a été consenti en toute indépendance, et si cette indépendance s'est exprimée dans le choix délibéré d'un cadre d'action dont sont d'emblée acceptées les grandeurs comme les servitudes, au sens que Vigny donnait à ces termes.

Certes, la condition du soldat peut au premier abord sembler impliquer une sorte d'aliénation de son indépendance. C'est le lot de tout centurion au service de César. Lorsqu'il reçoit l'ordre d'aller, il va. Le code du soldat français précise par exemple les contraintes suivantes qui pourraient être perçues comme des atteintes à son indépendance : « Au service de la France, le soldat lui est entièrement dévoué en tout temps et en tout lieu. » Plus

L'indépendance ou l'engagement ?

loin, on lit sans surprise : « Il obéit aux ordres dans le respect des lois, des coutumes de la guerre et des conventions internationales. » Le respect de ces règles élémentaires qu'impose son engagement altère-t-il l'indépendance du soldat ? À mon avis, bien au contraire. Elles précisent le cadre et les limites de l'engagement, de sorte que celui qui le souscrit volontairement peut s'engager pleinement dans l'action, et vivre vraiment sa vocation.

En effet, l'indépendance ne me paraît avoir de sens que si elle s'investit au service de valeurs, au service d'un idéal librement choisis. L'indépendance ainsi comprise n'est pas absence de dépendance, elle n'est pas refus de dépendance, mais au contraire libre choix de ses maîtres, ou plutôt choix conscient et raisonné d'un système de valeurs auquel on décide librement de se soumettre, au terme d'un effort de discernement souvent difficile, mais dont la lucidité donne sa grandeur au choix effectué.

Bref, j'ai le sentiment, ou plutôt la certitude, qu'on ne peut pas vivre sans maître, et qu'il faut donc le choisir en toute indépendance. À défaut, celui qu'on devrait inévitablement servir nous transformerait non en serviteur « bon et fidèle », mais en esclave, ou en prisonnier.

À cet égard, je partage totalement la vision de Saint-Exupéry dénonçant la liberté factice recherchée en détruisant les murs de la Citadelle : « Car il m'est apparu que le cœur de l'homme était semblable à la citadelle. Il renverse les murs pour s'assurer la liberté, mais il n'est plus que forteresse démantelée et ouverte aux étoiles. Alors commence l'angoisse qui est de n'être point. » Il conclut un peu plus loin : « Citadelle, je te bâtirai dans le cœur de l'homme. »

Le respect du serviteur

Le souci de « construire dans le cœur des autres » est celui de tout chef à l'égard de ses collaborateurs, militaires ou civils – et d'ailleurs de tout père à l'égard de ses enfants. Son évocation m'amène au deuxième point : le respect des termes de l'engagement par celui au profit duquel il est souscrit. Ou plutôt, pour rester dans notre thème, le respect par son « patron » de l'indépendance de l'engagé, d'abord dans l'exercice des obligations de son engagement, mais aussi dans tous les domaines qui échappent à celui sur lequel porte l'engagement. Pour reprendre des termes évangéliques, mon souci est ici de souligner l'importance du respect de l'indépendance du serviteur par le maître.

D'ailleurs, dans le domaine religieux, il est clair que Dieu n'a de sens que parce qu'Il respecte la liberté de l'homme de ne pas croire. Sans la possibilité de dire « non » à Dieu, quel sens aurait la récompense de la Vie éternelle ? Pour revenir à des notions plus terre à terre, dans l'exercice de mes responsabilités d'officier, je me suis ainsi toujours attaché à n'imposer à mes subordonnés que des obligations strictement liées aux missions à remplir, et à n'user de mon autorité que dans les domaines où elle devait s'exercer en vertu des pouvoirs, et des devoirs, que me conférait mon mandat de chef militaire. En matière religieuse, catholique pratiquant et convaincu moi-même, j'estime donc que la laïcité – et non pas, bien sûr, le laïcisme – est une valeur première de nos unités militaires. Toute autre attitude relèverait à mon sens d'une sorte de « tyrannie *ab exercitio* ».

D'ailleurs, une telle tyrannie, qui prive celui qui s'est engagé pour un objectif précis d'une partie de son indépendance relative à d'autres domaines, est un risque contre lequel il ne faut cesser de se prémunir tant est grande l'incitation du subordonné, pour de multiples raisons que je ne juge pas, à accepter, voire à rechercher des directives, ou au moins des conseils de son chef sur des sujets étrangers aux obligations strictes de son engagement, et donc aux capacités de ce dernier à lui dicter la « meilleure attitude ».

Dans le même ordre d'idées, il est évidemment capital que chacun ne s'engage que dans la stricte limite, non seulement des attributions au titre desquelles il est habilité à s'engager, mais aussi de ses capacités à tenir ses engagements.

Ainsi, avec le sort dramatique de tant de harkis en mémoire, je n'ai cessé, tout au long de ma

carrière, de mettre en garde mes subordonnés
– notamment au Liban et en ex-Yougoslavie –
contre des promesses généreuses que nous aurions
été poussés à formuler en toute bonne foi, si nous
n'étions pas parfaitement assurés de pouvoir,
nous-mêmes, les honorer. Et je dois ajouter que
c'est aussi, et plus fermement encore, vers ma hiérarchie des Nations unies que j'ai dû intervenir
dans cet esprit à diverses reprises, lorsque je
commandais la Force de protection des Nations
unies en ex-Yougoslavie.

Les conflits du dialogue indépendance-engagement

Dans notre monde évidemment loin d'être idyllique, il est patent que de multiples causes de
conflit viennent perturber les relations que je viens
d'évoquer entre indépendance et engagement. Je
rappelais il y a un instant le tragique sort des harkis qui s'étaient engagés de leur plein gré, et donc
dans l'indépendance de leur choix, pour l'Algérie
française, tandis que certains de leurs frères se battaient pour l'indépendance de l'Algérie. Pathétique
lien entre indépendance et engagement, au sens le
plus fort de ces termes.

Ce dramatique contexte a suscité la révolte de
ceux qu'on a appelés les « soldats perdus ». Une personnalité moralement aussi indiscutable qu'Hélie

L'indépendance ou l'engagement ?

Denoix de Saint-Marc a été l'un de ces officiers qui a estimé en conscience ne pas se reconnaître dans les décisions qui lui étaient imposées. Pour rester fidèle à son engagement d'homme et d'officier, selon les sens qu'il donnait à ces deux termes, il a rompu son engagement au service de la légalité républicaine, et choisi l'engagement qu'il estimait conforme à son éthique. L'Histoire lui a donné tort.

L'Histoire ne donne raison à « ceux qui disent non » que si leur révolte finit par s'imposer, et si leur engagement contribue finalement à rendre leur indépendance à ceux qui, sans cet engagement, l'auraient perdue. Inutile d'épiloguer. De Charles de Gaulle à Lech Walesa, nombreux sont les témoignages contemporains de cette réalité. Elle est d'ailleurs de tous les temps.

Déjà le siècle de Périclès trouvait, avec l'*Antigone* de Sophocle, une illustration particulièrement nette de l'antagonisme entre les ordres du pouvoir et les convictions d'un citoyen lorsque le roi Créon, à Thèbes, décrétait que les honneurs funèbres seraient rendus à Étéocle, mort pour la Cité, mais que Polynice, ayant combattu contre elle, serait privé de sépulture. Antigone, sœur des deux disparus, enfreindra en conscience l'édit de Créon, et ensevelira le réprouvé, avant d'encourir les foudres du roi. Et cette tragédie stimulera, jusqu'à nos jours, la conscience et le talent d'auteurs aussi éminents que Jean Anouilh.

Les révoltes ou les rébellions que nous venons d'évoquer ne sont-elles pas le signe que tout engagement, y compris d'ailleurs l'objection de conscience, n'a de véritable sens que s'il est vécu dans l'indépendance ? « Celui qui a dit non », pour reprendre un titre d'actualité, est en fait celui qui n'a cessé de dire oui, et de rester fidèle, envers et contre tout, à son engagement initial, assumé en toute indépendance, et fondé sur un idéal clairement formulé – en l'occurrence « une certaine idée de la France ».

Face à des situations de rupture, l'engagement personnel doit en effet se référer à des valeurs qui transcendent tout destin individuel, et que chacun doit s'approprier en toute liberté, en toute indépendance. C'est le concept de *bien commun* appuyé sur l'ordre et la justice, tel que saint Thomas d'Aquin le définit dans sa *Somme théologique*.

Selon son éthique, sa morale, ou sa religion, chacun choisira cet engagement et affichera alors quel maître il sert véritablement. Ma conviction est que l'indépendance n'a de sens qu'au service de ce maître.

Si ce maître est Dieu, alors – mais alors seulement – il est moral d'abandonner toute indépendance dans notre engagement à sa suite, et de s'engager donc, comme le recommande saint Ignace de Loyola dans ses *Constitutions*, *perinde ac cadaver*.

Sauver son indépendance en la sacrifiant

par Jean-François Kahn

Quand on parle de désobéissance, ce qui se trouve au cœur de la dialectique indépendance-engagement, on parle en fait d'obéissance. C'est Antigone qui désobéit et qui se sacrifie au nom d'une obéissance à un principe supérieur, lui-même au-dessus des lois de l'État – « Il faut que j'enterre mon frère » –, alors que Créon le lui interdit.

Il faut presque toujours changer d'engagement pour rester fidèle à son engagement fondamental. Les communistes, par exemple, en restant fidèles à l'apparence de leur engagement, en ont trahi la profondeur et l'essentiel, ils se sont faits complices d'un certain nombre de pratiques qui allaient contre les principes dont ils croyaient être les défenseurs.

On peut, par exemple, être fidèle à la France et, en cas de crise, parce qu'elle s'est trahie, elle-même et son message, avoir l'impression d'être infidèle à notre engagement fondamental.

La pensée est engagement, a-t-on dit. Y a-t-il eu homme plus engagé que Proust, spécialement au moment de l'affaire Dreyfus, alors que, du fait de son asthme, il vivait reclus dans une chambre, fenêtres fermées, et coupé du monde ? Kant, toute sa vie, a fait la même promenade, à la même heure, sans rencontrer personne. Pourtant, il irradiait vers l'extérieur. Par sa pensée et son humanisme, il a été un des hommes les plus engagés de son temps.

Parfois, on n'en est même pas très conscient. Spinoza se croyait peut-être engagé quand il allait coller des affiches... Mais en fait, on sait maintenant qu'il était engagé parce qu'il était Spinoza, à l'origine de la pensée rationaliste. Et personne, quand bien même il prendrait les armes les plus modernes et se livrerait aux actions les plus excentriques, ne serait jamais aussi engagé par les conséquences de ses actes et de ses pensées que ne l'a été Galilée, qui était pourtant un homme très calme.

Si on avait posé le problème « engagement et indépendance » à un homme comme Agrippa d'Aubigné, il aurait répondu, probablement, qu'on ne peut être indépendant que dans l'engagement ; toute sa vie le montrait. Alain aurait dit que l'indépendance est un engagement ; il l'a montré dans ses œuvres à un moment difficile, car n'être ni fasciste ni marxiste dans les années 30, c'était peut-être, par le refus, l'engagement le plus extraordinaire et le plus courageux qui soit. On a en effet encore tendance aujourd'hui à considérer que l'engagement était alors d'être soit du côté fasciste, soit du côté communiste ; je dis que des hommes qui ont eu le

L'indépendance ou l'engagement ?

courage inouï de poursuivre une pensée en toute indépendance hors de ces deux expressions philosophiques (le fascisme et le marxisme) qui se donnaient comme l'expression de la modernité, eux, étaient engagés et indépendants.

Jean Moulin aurait dit que l'engagement est la condition de l'indépendance, ou Gandhi que l'engagement est la condition de l'accession à l'indépendance.

Et pourtant, je vois une complication. Si l'engagement n'est que de soi pour soi, c'est la définition de l'égoïsme. L'engagement qui permet le mieux de conserver sa petite, chaude, confortable et merveilleuse indépendance est une pure projection de soi. C'est l'engagement solitaire, l'engagement anarchiste, celui du politicien carriériste, qui s'engage, oui, mais dans la promotion de sa propre carrière et de son succès personnel. C'est l'engagement de la star, qui s'engage physiquement, terriblement, mais en fonction d'une mise en scène de sa personnalité.

Il y a donc un engagement qui permet de préserver son indépendance. Il y a aussi un engagement plus profond, celui qui se détermine par le rapport à l'autre, qui demeure le plus grand mystère. C'est là où la complexité commence. Je sais que je ne suis ce que je suis et que je ne suis moi que par rapport à ce que je pense de l'idée que l'autre se fait de moi. Or, étant moi, je ne sais pas ce qu'est l'autre. On vit dans cette contradiction totale.

Le véritable engagement est donc une projection vers l'autre et vers les autres : que suis-je, si l'autre n'a pas la preuve, par mon action, de ce que je suis ? Je ne donne plus, alors, la priorité à la promotion de mon indépendance. J'accepte même de façon consciente, en fonction d'un pari de type pascalien, de sacrifier une partie de mon indépendance à une cause collective. Jeanne d'Arc donnait-elle la priorité à son indépendance ? Non. Elle a accepté de ne plus s'appartenir, compte tenu de la priorité qu'elle avait donnée à sa lutte pour une autre indépendance. Jean Moulin, de même, en 1942, a choisi de ne plus s'appartenir par rapport à la cause à laquelle il s'est offert. Jaurès ne luttait pas non plus pour préserver son indépendance, mais il s'était donné tout entier à la cause qu'il défendait. On pourrait dire la même chose des premiers chrétiens. Ces gens ont leur indépendance sur le visage : elle se regarde dans leur regard, elle s'entend dans leur voix.

J'ai connu des gens qui, au nom de la préservation de l'indépendance, refusaient absolument de prendre la moindre initiative, le moindre risque. Et leur voix le traduit aussi : il y a quelque chose de désabusé dans leur façon d'expliquer le choix de cette indépendance-là, qui vous fait comprendre qu'en vérité, contrairement à ce qu'ils croient, ils ne sont pas indépendants.

Reste le risque de l'engagement sans réserve. Il n'est pas en rapport avec une logique qui ferait

L'indépendance ou l'engagement ? 169

dire : « J'ai choisi cette cause, je dois lui être fidèle. » Cette fidélité confortable à son engagement tient chaud, tout simplement. La fidélité à un engagement qui était un acte de courage au moment où on l'a pris devient un confort au bout de vingt ou trente ans. On croit garder son indépendance, et on trahit son engagement. En même temps, en se croyant fidèle à son engagement, très profondément, on le trahit aussi.

C'est quelque chose que l'on peut constater, même dans la lecture de la vie politique. Ainsi, quand on est fidèle au nom d'une fidélité, et qu'on se croit héroïque, on est l'esclave d'un engagement qui n'est plus le sien. Je suis l'otage de l'engagement de l'autre que j'étais et que je ne suis plus.

Après avoir arrêté de diriger des journaux, en 1994, j'ai vécu une période très heureuse, dans une indépendance totale. En 1997, il m'a semblé qu'un discours médiatique uniforme se développait dans notre pays, et qu'il me fallait contribuer à faire entendre une autre musique. Et je me suis relancé dans l'expérience de faire un journal indépendant, ce qui est un cauchemar obsédant, dans lequel on perd totalement son indépendance. Or, ma conviction, c'est que, ce faisant, j'ai tout de même, en profondeur, sauvé mon indépendance. On est très souvent ainsi mis dans la situation, par une certaine forme d'engagement, de sauver son indépendance en la sacrifiant.

La fidélité, jusqu'où ?
L'indépendance, jusqu'où ?

par Alain Houziaux

Le journal *Le Monde*, dans un de ses récents numéros, définit ainsi sa politique : l'indépendance dans l'engagement. Pourtant, ces deux valeurs paraissent bien contradictoires.

De la différence entre zéro et zéro

L'indépendance évoque la liberté, et peut-être aussi l'individualisme. L'indépendance d'esprit, c'est le non-conformisme, le refus des camps et des dogmatismes, le refus des modes et des pressions. C'est une sorte de hauteur de vue. Mais l'idée d'indépendance évoque aussi, de manière plus négative, le retrait, la non-participation, voire la désinvolture, le scepticisme et l'ironie. Être indépendant, ou rester indépendant, c'est ne pas prendre parti, c'est rester neutre, au-dessus de la mêlée.

L'engagement, à l'inverse, évoque l'implication, l'action, le combat. C'est une attitude éthique et même politique alors que l'indépendance est une attitude philosophique et esthétique (si l'on pense à l'indépendance de l'artiste). Celui qui s'engage perd son indépendance et peut-être aussi sa pureté. Il accepte de se salir les mains.

L'archétype de l'indépendance, c'est, me semble-t-il, Valéry : « Je ne me suis jamais référé qu'à mon moi pur, par quoi j'entends l'absolu de la conscience, qui est l'opération unique et uniforme de se dégager de tout[1]. » L'objectif de Valéry, c'est d'être « un être sans visage », on pourrait ajouter : une lucidité sans opinion ni option. Être un regard pur qui ne projette aucune ombre sur le monde, bref, dit-il lui-même, être une sorte de « zéro pur » absent du monde, ou plutôt à distance du monde.

L'archétype et la caricature de l'engagement, ce serait le militant de base, celui qui accepte d'être un rouage obscur et anonyme au service d'un parti. Ces serviteurs et ces militants, eux aussi, revendiqueraient d'être sans nom et sans visage, mais pour des raisons tout autres. L'engagé volontaire porte un drapeau, mais il accepte de n'être qu'un matricule. Il accepte même de compter pour « zéro ».

---

1. Lettre-Préface au père Rideau.

Le courage et la fidélité, jusqu'où ?

On a tendance à penser que l'on est d'abord indépendant et qu'ensuite, éventuellement, on s'engage. Et ce de la même manière qu'on est d'abord célibataire et qu'ensuite, éventuellement, on s'engage en se mariant. En fait, me semble-t-il, c'est le contraire. On est d'abord engagé, c'est-à-dire « embarqué[1] » et ensuite, éventuellement, on se dégage pour devenir indépendant ou pour choisir de nouveaux engagements. Le plus souvent, notre problème moral n'est pas : « Avons-nous le devoir de nous engager et d'abandonner notre indépendance ? », mais : « Avons-nous le droit, ou le devoir, de nous dégager ? » – vis-à-vis de la maison paternelle (comme Abraham), de nos parents (comme les premiers disciples de Jésus), du catéchisme de notre enfance (comme saint Paul)... –, c'est le problème de l'objection de conscience et de la désobéissance.

Ce serait une illusion que de supposer que nous existons préalablement à tout engagement dans une sorte de liberté souveraine et de croire que s'engager, ce serait sacrifier sa liberté. Bien au contraire, s'engager, c'est se trouver, se révéler,

---

1. « Nous sommes embarqués dans un corps, dans une famille, dans un milieu, dans une classe sociale, dans une patrie, dans une époque que nous n'avons pas choisis » (Emmanuel Mounier, *Œuvres*, III, p. 191).

L'indépendance ou l'engagement ?

c'est devenir soi-même. Que l'on pense au général de Gaulle en 1940 ! Imaginons qu'il ne se soit jamais engagé : il ne se serait jamais révélé. Que l'on pense aussi à Abraham ! Lorsqu'il a entendu l'appel : « Va vers toi, quitte la maison de ton père », il s'agissait bien d'un appel à se risquer, à s'engager dans un chemin personnel afin qu'il trouve son nom propre. C'est en s'engageant que l'on se trouve et que l'on se découvre. L'indépendance est souvent une forme d'impuissance, car celui qui refuse de s'engager ne donnera jamais de réalité à ce qu'il croit, à ce qu'il approuve, à ce qu'il est.

Et pourtant, c'est vrai, dans l'engagement, il y a le risque inverse : celui de ne pas pouvoir toujours approuver ce que l'on fait. Les militants politiques le savent bien. Tout engagement suppose une sorte de fidélité. Et cette fidélité, ce n'est pas toujours la fidélité à soi-même : c'est, le plus souvent, la fidélité à ce que l'on s'est engagé à faire et à continuer de faire. S'engager, c'est se lier par une promesse, c'est se placer dans une situation qui implique des obligations. Et lorsque le cœur n'y est plus, lorsque le service se transforme en servitude, alors on se pose la question : où est le véritable courage ? Est-il de persévérer dans la fidélité malgré tout et malgré soi ? Ou est-il de s'arrêter, de rompre, de divorcer, de dénoncer son engagement ?

L'éternel dilemme entre les droits et les devoirs

L'indépendance et l'engagement se réfèrent à des valeurs différentes. L'indépendance a pour fondement la personne individuelle et les droits inaliénables qui sont les siens. L'engagement, lui, a pour fondement la société et les devoirs fondamentaux qu'elle exige de notre conscience. L'indépendance est un droit – le droit à la liberté –, l'engagement est un devoir – le devoir que vous impose l'amour pour le prochain. À la limite, l'indépendance est le droit de n'avoir aucun devoir, et l'engagement est le devoir de n'avoir aucun droit.

Et, s'il faut choisir, à mon sens les devoirs doivent être premiers par rapport aux droits : les exigences de l'amour sont premières par rapport au droit à la liberté ; le devoir de s'engager est premier par rapport au droit de rester indépendant et libre.

Pourtant, l'engagement, c'est-à-dire l'obéissance à ses devoirs, n'est rien s'il n'est pas un acte libre. Et, corollairement, la liberté n'est rien si elle n'est pas une libre obéissance, une obéissance à laquelle on consent[1]. C'est notre liberté qui nous rend aptes à nous soumettre à une loi et à la reconnaître en nous comme une intime vocation. Sans cette

---

1. *Cf.* Saint-Exupéry, dans *Citadelle* : « Qu'appelles-tu liberté ? Est-ce le droit d'errer au hasard ? On va plus loin si l'on suit les chemins balisés. »

liberté, le service de l'autre n'est rien d'autre qu'une servitude et un esclavage.

Ainsi, d'une certaine manière, la liberté doit rester première[1]. Pourtant, il faut le reconnaître, la tension entre indépendance et engagement demeure et elle doit demeurer. S'engager vis-à-vis d'autrui est un acte de notre liberté, mais c'est aussi – et c'est bien ainsi – une forme de sacrifice librement consenti de cette liberté.

Le problème de l'articulation entre indépendance et engagement peut aussi surgir d'une autre manière. En nous engageant vis-à-vis d'autrui (par exemple, en militant pour défendre les sans-papiers), est-ce que nous ne portons pas atteinte non pas à notre propre indépendance, mais à l'indépendance de ceux que nous voulons aider ? La parabole du bon Samaritain est éclairante à ce sujet. Le bon Samaritain s'engage vis-à-vis du blessé, il le met sur sa propre monture, mais peu après, il le conduit à une auberge[2], donc à une

---

1. *Cf.* Luther, dans *De la liberté du chrétien*. Pour lui, la liberté vient en premier, avant le service : « Pour bien connaître ce qu'est un chrétien et en quoi consiste la liberté que le Christ a conquise et lui a donnée – ce dont saint Paul nous parle abondamment – je vais énoncer les deux propositions suivantes :
Le chrétien est le libre seigneur de toutes choses et n'est soumis à personne.
Le chrétien est en toute chose un serviteur et il est soumis à tout le monde. »
2. Luc 10, 34.

institution « indépendante ». Ainsi l'engagement personnel vis-à-vis du prochain, qui est de l'ordre des « relations courtes », doit être relayé par des « relations longues » et impersonnelles assurées par des institutions indépendantes (l'État, mais aussi les ONG), afin que celui vis-à-vis duquel on s'est engagé ne soit en rien notre débiteur. Mais les relations courtes restent indispensables car, dans la vie, il faut d'abord se tenir chaud les uns les autres.

Et Dieu, est-Il indépendant ou engagé ?

Faut-il penser Dieu en termes d'indépendance ou d'engagement ? C'est en posant cette question que l'on mesure la différence entre le Dieu des philosophes et le Dieu de la Bible.

Le Dieu des philosophes, c'est l'indépendance même, c'est l'Absolu même [1]. Dieu est un point fixe, immuable, éternel et abstrait, loin duquel divague l'histoire du monde et des hommes. À la rigueur, Il est un regard vaguement ironique et amusé, une sorte de regard de Sirius, totalement indépendant, sur le monde de fourmis et de cloportes que constitue l'humanité.

Le Dieu de la Bible, c'est une Force ou, mieux, un Projet et une Promesse, qui s'engage (aux sens

---

[1]. L'absolu, au sens étymologique, c'est ce qui ne dépend de rien.

d'« engager son honneur », de « s'introduire dans un lieu resserré et difficile » et de « s'aventurer dans une entreprise risquée »). Le Dieu de la Bible s'engage dans l'histoire des hommes. C'est ce qui reste incompréhensible pour les philosophes.

Pourtant, Dieu ne peut rester Dieu que s'Il reste l'Absolu et l'Indépendant suprême. Il y a, à mon sens, quelque abus à dédiviniser Dieu en Le mêlant à notre monde. C'est peut-être cela, le paradoxe de la foi : confesser Dieu comme à la fois indépendant et engagé. Dieu s'engage et s'incarne dans l'histoire des hommes. Mais Il y perd peut-être sa transcendance et peut-être même sa divinité.

Table ronde

André Gounelle, entre l'indépendance et l'engagement, s'il fallait à un moment de votre vie sacrifier l'un pour l'autre, dans quel sens seriez-vous le plus à l'aise ?

ANDRÉ GOUNELLE : Il n'y a pas de réponse absolue à cette question, une réponse qui serait valable pour toutes les situations. Selon les cas, la balance pencherait d'un côté ou de l'autre. En tout cas, de quelque côté qu'elle penche, il faudrait refuser la bonne conscience et l'autojustification : savoir que l'on est dans le relatif et dans l'échec, et n'avoir jamais la certitude d'avoir fait le bon choix.

Pensez-vous que l'on peut changer d'engagement ?

GÉNÉRAL DE LA PRESLE : Si on veut connaître l'engagement de quelqu'un, il est probablement sain d'attendre qu'il ait disparu. C'est pour cela que j'évoquais « celui qui a dit non », affirmant qu'en réalité l'essentiel est ce à quoi il a dit oui. C'est à ses fruits plutôt qu'à ses fleurs qu'il faut juger l'homme. Ce qui change, c'est la forme de l'engagement. Les conditions dans lesquelles il est initialement pris ne perdurent pas, l'environnement se modifie.

L'intelligence est l'art de s'adapter et d'intégrer les évolutions. Il faut savoir tirer des bords. Ce n'est pas parce qu'on tire des bords qu'on change de cap, au contraire. L'utilisation du vent, en tirant ces bords, n'a pour objet que de progresser vers l'objectif fixé. Il n'y a pas de vent défavorable pour celui qui sait où il va. L'engagement ne se manifeste souvent clairement qu'au soir de sa vie, et pas en essayant d'extrapoler tel ou tel des différents bords qui ont été tirés tout au long d'une vie.

Quelle position prendre vis-à-vis d'Hélie de Saint-Marc, ce commandant qui, au moment de la guerre d'Algérie, a décidé d'appuyer le putsch des quatre généraux contre le gouvernement de la République ?

A. G. : J'étais aumônier militaire en Algérie au moment du putsch des généraux. Je m'en souviens comme d'une période difficile de débats parmi les officiers, pas seulement protestants. C'était un débat plus difficile et plus déchirant qu'on ne l'a généralement pensé. Tout en gardant de l'estime pour certains de ces soldats perdus, il allait pour moi de soi que la loyauté envers l'État primait. Mais je ne peux pas dire que je n'ai pas à certains moments été ébranlé, troublé, par leurs débats de conscience.

Jean-François Kahn : Cette question est au cœur du débat qui s'est esquissé. À l'époque, je me trouvais en Algérie comme journaliste et j'ai couvert le putsch. J'ai entendu les soldats chanter *Non, je ne regrette rien*. Ce qui m'a beaucoup frappé chez certains officiers, chez Hélie de Saint-Marc en particulier, c'est une contradiction qui est au cœur de notre réflexion : la dialectique de cet homme estimable, qui a d'ailleurs été résistant, et déporté, était de concilier l'engagement par lequel il s'était fait soldat et avait pris les armes, y compris en Algérie, et celui par lequel il s'était engagé vis-à-vis des harkis et des Algériens qui avaient cru à la France. Son problème, c'était qu'il devait être fidèle au contrat personnel et moral qu'il avait avec ce peuple, avec les pieds-noirs, les Algériens, fidèle à l'honneur qu'il représentait parce que l'Armée était là. En revanche, il ne lui est jamais venu à l'esprit qu'il aurait pu prendre en compte l'aspiration à l'indépendance des Algériens. Pour le coup, sa conception personnelle de sa propre indépendance passait absolument avant une conception collective de l'indépendance d'un peuple. Là se trouve toute la contradiction de l'homme.

L'indépendance ou l'engagement ? 181

G. DE LA P. : Je veux souligner l'importance, pour celui qui engage ses subordonnés, d'avoir bien conscience des engagements qu'il leur impose. Le problème qui s'est posé au commandant de Saint-Marc, c'est qu'il s'était engagé envers les pieds-noirs comme envers les harkis en fonction des engagements qui lui avaient été prescrits par l'autorité responsable de l'engagement de fond qui était l'engagement politique de la France vis-à-vis de l'Algérie. Le drame, c'est qu'il s'est produit une rupture dans l'engagement qu'on lui demandait de prendre. En tout cas, c'est comme ça qu'il l'a compris sur le terrain. Brusquement, à l'Algérie française se substituait une autre forme d'évolution politique, qui avait des répercussions dramatiques pour ceux auprès desquels Saint-Marc s'était engagé. Une analyse équitable de son comportement doit se focaliser sur la juste compréhension des conditions dans lesquelles il a été amené à cette rupture d'engagement, par fidélité aux engagements précédents, pris eux-mêmes en totale cohérence avec les engagements qui lui avaient été prescrits.

J.-F. K. : En fait, il faut remarquer que Saint-Marc a renoncé à une forme d'indépendance d'esprit, celle qui aurait consisté à se poser des questions comme : « Le général de Gaulle n'a-t-il pas peut-être raison ? Ce que je défends est-il juste ? La cause de ceux qui revendiquent l'indépendance de l'Algérie est-elle totalement à repousser ? » Dans cette remise en cause de tout, il aurait manifesté aussi une indépendance intellectuelle totale. Cela ne veut pas dire qu'à un moment il n'aura pas pu réussir à concilier tout cela avec son engagement et son honneur, mais il y a un moment où il faut, en tant qu'homme, se poser certaines questions. Et cela, il se l'interdisait. C'est peut-être ce qui faisait sa grandeur, c'est aussi ce qui a fait le drame.

Alain Houziaux : À partir de quel moment un engagement – ou bien une forme d'indépendance d'esprit – conduit-il à une forme de désobéissance ? Il est clair qu'Hélie de Saint-Marc a désobéi à l'État.

Il faut reconnaître absolument le droit à la désobéissance. Mais elle n'est vraiment désobéissance que si on accepte la sanction qui en est le signe. Une désobéissance qui ne serait qu'une manière de marcher en dehors des clous, sans être sanctionné, n'est pas vraiment une désobéissance. Il était donc du devoir des juges de sanctionner Hélie de Saint-Marc, sinon ils auraient privé sa désobéissance d'être vraiment un honneur et un risque personnels.

G. de La P. : Pour moi, la désobéissance n'a de sens que pour obéir à quelque chose qui a une valeur supérieure. Ce qui m'intéresse, c'est de savoir à quoi Saint-Marc a obéi en désobéissant à l'État français. Je pense qu'il a obéi à ce que lui dictait sa conscience et, en acceptant la sanction que l'État français lui a imposée (plusieurs années de prison dont il est sorti plutôt fortifié sur le plan moral et personnel), il obéissait encore à sa conscience.

Que penser du détachement ?

A. G. : Il ne faut pas être victime des mots et des termes. Les religions orientales qui préconisent le détachement le proposent dans la perspective de l'engagement sur un chemin. Ce n'est pas un détachement absolu, envers tout, mais un détachement envers soi, envers un monde considéré comme un ensemble d'illusions. C'est un travail sur soi, que je n'interpréterai pas comme un travail d'indépendance. C'est une manière de briser des liens qui nous tiennent loin de la voie qui conduit à la sagesse.

A. H. : Dans l'optique des religions orientales, le détachement est en fait le consentement à l'ordre du monde. Cette notion est un troisième terme par rapport à l'indépendance et à l'engagement. L'indépendance est volontaire, choisie. L'engagement aussi est un acte de volonté. Le détachement, c'est le consentement, l'acceptation, l'amour du destin ; c'est vouloir ce qui est voulu pour nous.

G. DE LA P. : Cette quête n'est pas propre aux civilisations orientales. Nos carmélites aussi, dans leurs couvents, cherchent le dépouillement, le détachement de l'accessoire pour mieux se consacrer à l'essentiel. Ce terme n'a pour moi que des rapports très lointains avec l'indépendance.

Avez-vous vécu votre engagement militaire comme un dépouillement de vous-même ?

G. DE LA P. : Au contraire, je l'ai vécu comme un épanouissement. Ce que j'ai surtout cherché, c'est l'épanouissement de mes subordonnés. J'avais affaire à des hommes qui s'étaient engagés, au sens statutaire du terme, et ma préoccupation constante était de remplir avec eux la mission à laquelle correspondaient nos engagements convergents, tout en respectant au maximum leur indépendance. Ce comportement s'appuie sur une notion selon laquelle l'engagement est un choix personnel dont chacun est totalement responsable. On ne peut pas être responsable de l'engagement des autres, même si on peut – doit – les inciter à s'engager dans telle ou telle voie. On est, en revanche, totalement responsable de la façon dont on leur permet d'être aussi indépendants que possible dans les engagements qu'ils prendront eux-mêmes à leur niveau.

Où se situe l'honneur dans ce débat ?

G. DE LA P. : La question de l'honneur est très complexe. Il me semble que c'est une notion personnelle, qu'elle ne peut être vécue que dans une grande maturité et une vision très claire de ce qu'on veut obtenir et tirer comme bilan au soir de sa vie.

Au moment où les Serbes avaient pris des otages, un détachement français gardait un dépôt d'armes, ferrailles qui n'avaient pas de valeur opérationnelle, mais une grande valeur symbolique. Le chef de section responsable de ce détachement, encerclé par les Serbes et menacé de voir ses soldats tués, après beaucoup de harcèlements plus que musclés, a fini par sortir le drapeau blanc, pour sauver la vie de ses soldats, au mépris de ce que certains de nos grands anciens auraient considéré comme l'« honneur du détachement ». J'étais le patron très indirect de ce lieutenant, mais le patron tout de même, et au risque de choquer les « anciens », je considère qu'il a bien agi. Dans la perspective des casoars et gants blancs de 1914, cette attitude aurait constitué une faute contre l'honneur. Mais à mon sens, en l'occurrence, s'il y a eu faute contre l'honneur, ce n'est pas à ce lieutenant qu'il faut la reprocher, c'est à ceux qui l'ont mis dans cette situation impossible.

L'honneur n'a de sens que dans le cadre d'une culture au service d'un système de valeurs reconnues, et si possible codifiées. Le légionnaire s'engage pour servir « avec *honneur* et *fidélité* », deux termes d'une importance majeure, dont on sent bien qu'ils sont des concepts qui ne donnent pas la réponse instantanément à la redoutable question :

« Que dois-je faire dans telle circonstance ? » La réflexion (ou le réflexe), au moment de la situation de crise, doit s'appuyer sur une vision éthique de ses responsabilités, et de celles des hommes dont on est responsable.

Honneur, que de crimes commet-on en ton nom ! J'ai trop entendu de Serbes, d'Albanais, de Bosniaques, de Croates me parler de l'honneur qu'ils défendaient et au nom duquel ils commettaient des crimes affreux...

Quelles sont les limites de la fidélité ?

A. G. : Dans ce mot, il y a la notion de se fier à. Être fidèle, c'est être fiable. C'est une attitude qui a des limites : par exemple, je n'ai pas à être fidèle à une cause, à un engagement qui me conduirait à transgresser les droits de l'homme. Il y a dans le code militaire des cas où un subordonné a le droit de refuser un ordre contraire aux droits de l'homme, et c'est l'honneur de l'Armée française d'avoir mis cet article dans son code.

Du point de vue du théologien, je ne suis pas tout à fait sûr qu'Abraham ait eu raison de vouloir sacrifier son fils parce qu'il a pensé entendre une voix qui le lui demandait. Je ne suis pas sûr que la fidélité religieuse doive être sans limites ni normes. On voit dans toute la Bible une tradition de contestation et de dispute avec Dieu : « Jusqu'à quand ? » ou : « Comment se fait-il que cela arrive ? » C'est d'ailleurs plus une contestation de l'image qu'on a de Dieu que de Dieu lui-même, contre ce qu'on Lui fait dire et ce qu'on Lui fait commander. Même dans ce cas-là, il faut garder une certaine indépendance, sinon on sombre dans ce qui est la tentation et la perversion de toutes les religions : le fanatisme.

J.-F. K. : Qu'est-ce que le protestantisme, sinon une infidélité au nom d'une fidélité ? Finalement, lorsque Luther rompt avec le Vatican, il est considéré comme hérétique, infidèle. L'infidèle, pour lui, c'est le pape qui vend des indulgences. Lorsque Willy Brandt part d'Allemagne, et prend l'uniforme suédois sous le nazisme, il peut sembler infidèle, c'est pourtant la base de sa profonde fidélité à ce qui est pour lui fondamental : la démocratie, la liberté...

Quant à la fidélité à Dieu, dans sa vision étroite, elle me semble être un blasphème. Dieu ne nous demande pas d'être fidèle à Lui mais à son message, et aux autres, et à l'homme ; sinon, Il serait comme un dictateur face à un peuple soumis.

A. H. : Je veux défendre la fidélité. Il y a vingt ans, à l'époque où je me posais la question de mon engagement dans l'Église comme pasteur, je suis allé voir une vieille religieuse catholique et lui ai demandé : « Êtes-vous contente d'être restée religieuse et de finir ainsi votre vie ? » Elle m'a répondu : « Je ne sais plus, honnêtement, si je crois en Dieu ou pas. Je me suis engagée quand j'avais vingt ans. Maintenant, je ne sais plus trop. Je reste fidèle. Je continue à dire mon chapelet et mes prières. Car c'est quand j'avais vingt ans que j'y voyais clair et que j'avais du cœur, de la pensée, de l'audace. Aujourd'hui, je suis vieillie, usée par les ans, la lassitude. Je reste fidèle à la croyance et l'enthousiasme de mes vingt ans. »

G. DE LA P. : De mon point de vue, il n'y a pas de limite à la fidélité aux valeurs ultimes sur lesquelles on a basé sa vie. Le vrai devoir, c'est celui de savoir régulièrement « faire le point », analyser son comportement par rapport à ces valeurs auxquelles on souhaite être fidèle, reconnaître ses infidélités et se décider à y remédier.

Les Invalides m'ont beaucoup appris sur ce plan. Nos grands blessés sont installés en face du musée Rodin, où se trouve le Penseur, qui regarde d'ailleurs vers le dôme des Invalides. J'admire beaucoup les pensionnaires qui ont encore la capacité de méditer et l'extraordinaire maturité que leur procure l'obligation d'être assis.

La fidélité est-elle un engagement envers une parole donnée, ou un engagement par rapport à la responsabilité que l'on a vis-à-vis de l'autre ?

A. G. : S'il est nécessaire de parler en termes généraux, car c'est ce qui nous permet de clarifier nos options, en même temps il faut aussi une limite à la généralité. Les mots importants que nous employons ici – « fidélité », « engagement », « indépendance » – appellent tous un complément selon lequel on réagit de manière différente.

Par exemple, je peux concevoir la fidélité totale à des valeurs, mais pas à un système. L'indépendance est condamnable si elle correspond à une forme d'égoïsme par lequel on se désintéresse de l'autre. Si elle est fidélité à soi-même et à Dieu, alors oui, d'accord pour l'indépendance !

J.-F. K. : Je côtoie beaucoup de gens qui ont eu vingt ans en 68, trotskistes, maoïstes... Aujourd'hui, ils sont placés dans les points décisifs du monde de la presse. Presque tous ceux qui dirigent et pensent dans les journaux sont d'anciens soixante-huitards. Ils se posent ce problème de « comment être fidèle à ses vingt ans ? ».

Être fidèle à ses vingt ans, ce n'est pas être fidèle à une idéologie, ni à une erreur, ou à un discours qui s'est révélé dans certains cas assassin, ou au moins fallacieux... C'est être fidèle à ce qui portait leur espérance, à ce qui avait vingt ans dans leurs vingt ans : plus de justice, plus d'égalité, du bonheur pour tout le monde...

Or, souvent, ils ont abandonné cette idée du bonheur, de l'égalité et de la justice, ils se sont ralliés à la logique néo-libérale, et ils habillent cela dans un discours néo-soixante-huitard qui ne veut plus rien dire mais qui suffit pourtant à les convaincre qu'ils sont restés fidèles à leurs vingt ans.

A. H. : Jacques Brel disait : « Plus on devient vieux, plus on devient con »... En tout cas, plus on devient sceptique, plus on perd de choses. Il y a des actes que l'on peut poser en faisant « comme si », disait Kant. Cela peut paraître hypocrite par rapport à ce qu'on est maintenant, or c'est précisément maintenant qu'on est dans le tort, ce sont donc les actes que l'on a accomplis par fidélité qui sont dans le vrai, dans la vérité qu'on connaissait quand on avait vingt ans.

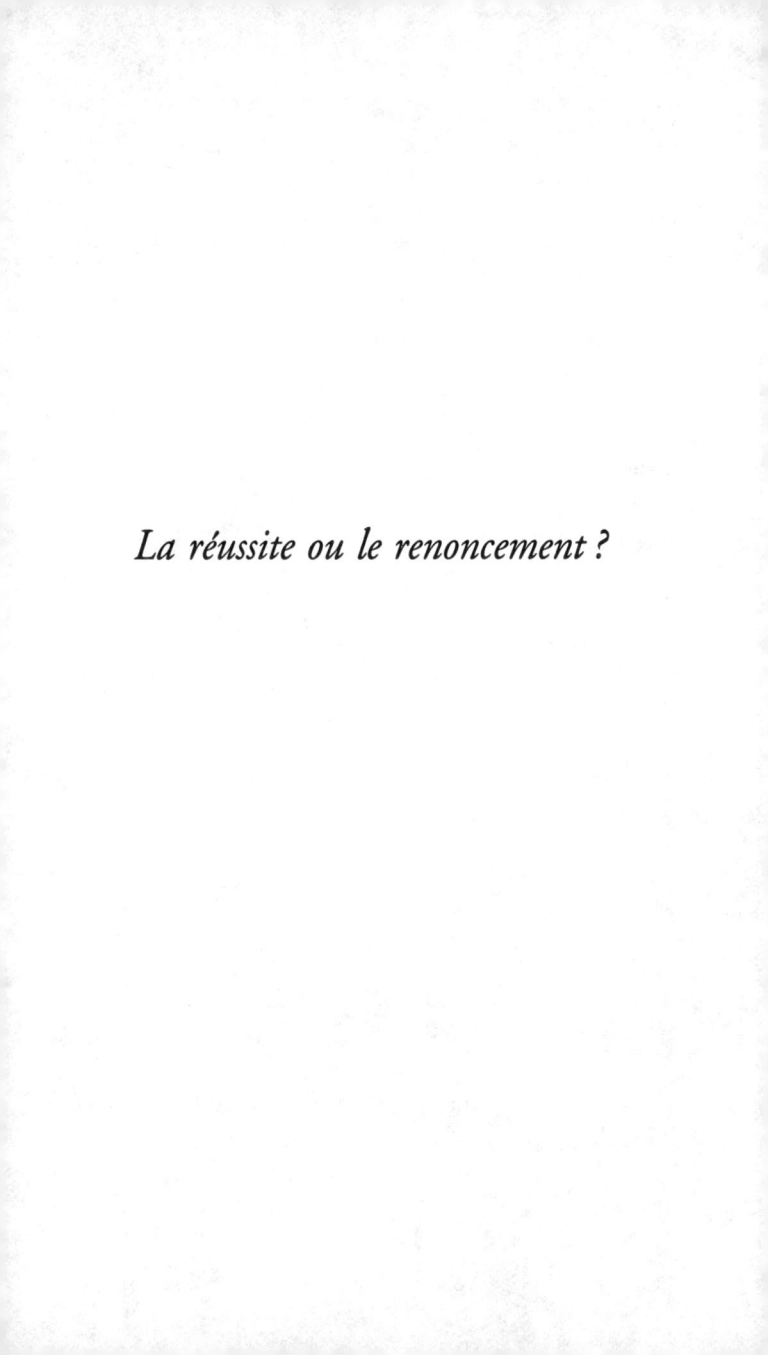

La réussite ou le renoncement ?

Job, le Christ et Simenon

par Ghislain Lafont

Alors que le renoncement évoque de soi une attitude plutôt noble, parce que difficile[1], la réussite a souvent quelque chose de superficiel, de provisoire, de sectoriel aussi. Pourtant, quoi qu'on fasse, on cherche à réussir, c'est-à-dire à obtenir le résultat en vue duquel on a investi. Et, pour réussir, on renonce, car il n'y a pas d'achèvement sans choix ni sans travaux : réussite et renoncement sont donc des notions qui ne sont pas opposées. Au-delà du faire, la réussite peut d'ailleurs désigner un achèvement de la personne elle-même ou du groupe. Mais qu'est-ce que cela signifie exactement ?

Que nous dit la Bible ? On remarquera d'abord que ces deux mots ne sont quasiment pas présents

---

1. Le dictionnaire *Le Robert* donne comme synonymes des mots de la vie ascétique : abnégation, dépouillement, détachement, sacrifice. Antonymes : gain, succès, bonheur, chance.

dans le Nouveau Testament, qui ne semble pas vraiment penser avec ces catégories, et qu'ils ne sont pas non plus très caractéristiques de l'Ancien Testament. Mais si les mots n'y sont pas centraux, on peut du moins relever le paradoxe de la réalité qu'ils désignent, au regard de la pensée biblique.

Regardons le livre de Job. Job est un homme parfaitement vertueux, un « juste », qui pratique donc les renoncements inclus dans l'exercice de la vie bonne – la maîtrise de soi, le souci des autres... – et qui s'en trouve récompensé : la réussite, ce sont alors pour lui les richesses en terres, bétail, personnel, et surtout la famille florissante. Le lien entre la vertu et la réussite est le principe de cette « philosophie » – et ce lien semble fondé, juste, vérifié souvent dans les faits, relayé d'ailleurs dans de très nombreux autres textes de sagesse biblique. Là-derrière, il y a une image de Dieu, sage auteur d'une législation bonne et juge de la manière dont les hommes la respectent et la mettent en œuvre, rendant à chacun selon sa conduite.

Mais une telle « philosophie » se heurte à l'irruption du malheur innocent, le texte énumère : la perte des biens, la mort des enfants, la brouille conjugale et, en fin de compte, la grave maladie. Le binôme vertu/réussite coule donc à pic. La vertu, avec son cortège de renoncements, ne produit plus rien. L'homme perd ses références et l'image de Dieu elle-même en prend un sérieux coup : qui donc est Dieu, si les bons ne sont pas

La réussite ou le renoncement ? 195

récompensés, ni les mauvais punis, si la réussite ne suit pas la vertu ?

Comme je le disais, le Nouveau Testament ne pense pas en termes de réussite et de renoncement, il se situe dans une perpective beaucoup plus dramatique : en effet, les mots qui reviennent le plus souvent sont « salut » et « perdition ». Les verbes sont plus fréquents que les noms : être perdu/être sauvé, ou à l'actif pronominal : se perdre pour se sauver.

Être perdu/être sauvé. C'est le modèle de l'Exode : le peuple d'Israël est sauvé de la servitude d'Égypte et il a été conduit dans une terre promise. On est esclave dans un monde ennemi et on en est libéré, on est sauvé de la fureur des eaux alors que les ennemis y sont engloutis. Ce modèle s'est répété tout au long de l'histoire, et il définit encore l'aventure de Jésus de Nazareth, plongé dans les abîmes de la mort par la malice des hommes qui fait échouer sa mission, puis mystérieusement ressuscité. L'originalité de Jésus, qui nous laisse sans mots lorsque nous y pensons, est que, dans son cas, le salut vient après la mort, dans un autre monde et un autre temps, et non pas dans ce temps-ci moyennant un rebondissement de l'histoire. Or, paradoxalement, c'est ce salut après la mort que pressentait le fameux chant du serviteur (Esaïe 53), et il exprime ce pressentiment avec le mot « réussir » : « Mon serviteur réussira » ; ainsi, la réussite, ce serait la résurrection de Jésus, source de l'œuvre de l'Esprit parmi les hommes.

Se perdre pour se sauver. Il semblerait que ce modèle dramatique de mort et résurrection soit aussi proposé à l'homme comme norme de son existence – comme si la vie devait jaillir d'une sorte de mise à mort de soi-même. Les évangélistes le répètent : « Celui qui veut sauver sa vie la perdra, celui qui la perdra à cause de moi la sauvera. » Qu'est-ce que cela veut dire ? Les Béatitudes sont peut-être une invitation à cette mort à soi-même, dans la mesure où elles décrivent un bonheur dont les sources n'ont vraiment pas grand-chose à voir avec l'accomplissement de l'homme. On pourrait dire alors que le drame global, la tragédie de l'humanité, dont le Christ ne s'est pas exclu et dans lequel il y a finalement salut, est lié au refus persévérant du drame personnel : le refus de donner sa vie entraîne la chute de l'homme, mais aussi, de proche en proche, dans le temps et dans l'espace, de toute l'humanité. Comment parler, dans un tel contexte, de réussite, à moins qu'il ne s'agisse de réussir son renoncement par la persévérance et d'attendre un fruit qui viendra... ou ne viendra pas en ce monde ?

On notera d'ailleurs que la Bible n'est pas la seule à partager cette sagesse paradoxale et tragique. Les pensées païennes se trouvent elles aussi confrontées à ces mêmes interrogations. La tragédie grecque, qui est à la fois acte cultuel et lieu

La réussite ou le renoncement ? 197

symbolique, cherche, par le récit et l'évocation, à conjurer en quelque sorte les drames, collectifs et individuels, de la nation ou de la cité. Et l'éthique quotidienne, mais qui existe aussi sous forme de proverbes fondés sur l'expérience (comme d'ailleurs ceux de la Bible), n'ignore pas, sans le résoudre, le paradoxe du malheur innocent. Où donc situer la réussite ?

Si, après ces brèves allusions bibliques, nous revenons aux mots et à la manière dont ils sont ressentis lorsque nous les employons, il semble bien que, avec les différences consécutives à l'évolution de la culture, nos critères demeurent en gros ceux de Job « première manière » : vertu entraîne réussite. Sartre écrit, à propos des États-Unis : « On doit réussir parce que la réussite prouve les vertus morales et l'intelligence, et parce qu'elle indique qu'on bénéficie de la protection de Dieu [1]. »

La réussite professionnelle. On a réalisé ses projets, établi son entreprise, ou bien on est parvenu vers les sommets de la hiérarchie de sa catégorie. Ce n'est certes pas rien et on a le droit de s'en réjouir, à condition que cela se soit fait dans la justice et qu'on puisse se rendre un certain témoignage intérieur sur l'authenticité humaine du parcours – ce qui suppose concrètement qu'on a

---

1. *Situations*, III, cité par *Le Robert*, *sub verbo*.

surmonté pas mal de tentations, avalé pas mal de couleuvres, essuyé bien des contradictions (renoncement...).

La réussite familiale. Ce type de réussite est peut-être un peu hors saison en ces temps où la famille évolue tellement. Jusque-là, la réussite familiale, c'était d'avoir su parcourir en couple les années, les mauvaises comme les bonnes ; d'avoir bien élevé et bien marié les enfants, d'avoir des petits-enfants. On s'entend relativement bien, il y a un certain esprit de famille...

Ici encore, l'expérience montre l'intensité de la patience, de la bienveillance, de la capacité à surmonter et à vivre des conflits, etc., donc la somme des renoncements requis pour parvenir à peu près à ce type de réussite.

La réussite personnelle. Ce serait la convergence pour une personne des réussites précédentes, de même que la réussite sociale en serait la convergence face à autrui.

Ce qui frappe, en tout cela, c'est à la fois le prix et la fragilité de ce genre de réussite. Le prix : en définitive, l'attention à mener notre vie, telle que je viens de la décrire, exprime-t-elle dans le concret cette loi de « qui perd gagne », centrale dans l'Évangile ? Il faut donner sa vie pour réussir, en vérité. La fragilité : même si nous laissons de côté

La réussite ou le renoncement ? 199

le danger que tout cela ne soit que façade[1], la réussite apparaît presque toujours limitée et insuffisante. Georges Simenon a écrit un roman[2] dont le protagoniste est un homme qui a réussi dans son entreprise et ses affaires, et qui, un beau jour, disparaît sans laisser d'adresse. On le retrouve barman sur la Côte d'Azur, dans les bas-fonds, comme on dit. Ensuite, il revient et, sans rien dire, reprend le collier. Mais l'homme a changé, et la réussite est ailleurs. Il a eu besoin de faire l'expérience d'une perdition qui était peut-être plus véritable que la réussite et, si une telle expérience le sauve, c'est de la réussite. Être perdu et être sauvé serait plus fondamental que réussir, fût-ce au prix de renoncements, et permettrait de retrouver la réussite, mais autrement.

Ce que le héros de Simenon cherche de lui-même à vivre, d'autres – nous tous, en fait – le subissent. Il y a en effet en toute vie les renoncements qui nous sont imposés, ceux de Job « deuxième manière », éprouvé bien qu'innocent : les renoncements passifs qui échappent à notre vouloir et à notre décision. Des limites physiques liées à la complexion ou à la maladie peuvent empêcher de poursuivre un chemin de réussite ou l'interrompre brutalement. Des rivalités, des intri-

---

1. « La réussite ? Le bruit qu'on fait, le fric qu'on gagne » (Simone de Beauvoir, *Les Mandarins*, cité par *Le Robert*, *sub verbo*).
2. *La Fuite de Monsieur Monde.*

gues ont empêché nos projets d'aboutir. La célébrité n'est pas venue récompenser la qualité de nos performances. Un désir amoureux de notre part ne rencontre pas de réponse ou, inversement, le désir d'un autre nous est pesant. La fidélité à un amour en exclut beaucoup d'autres, et comment vivre heureusement un amour impossible ? Dans la vie spirituelle, si centrée sur l'invisible et l'inaudible, les nuits s'installent qui nous font parfois douter de la vérité de notre écoute première et de l'orientation de vie qu'elle nous a fait choisir. Enfin, notre propre mal nous paraît tel que nous ne pouvons pas nous donner le témoignage de justice que se rendait Job. À ce point, la seule réussite réside sans doute dans la douloureuse et difficile gestion de l'épreuve, fondée sur une valeur qui mériterait à elle seule un long débat : l'espérance. Et l'expérience nous a révélé que la lumière, par définition, luit dans les ténèbres.

La réussite, en définitive, c'est peut-être l'improbable convergence entre :

– un effort humain authentique vers des achèvements que nous ont proposés le tempérament, les choix, les rencontres, les circonstances ;

– une attention envers autrui afin que toute réussite personnelle puisse se trouver être aussi réussite des autres, *notre* réussite plutôt que la mienne propre ;

– une humble obéissance à la contradiction existentielle qui semble ruiner ou endommager ce

La réussite ou le renoncement ?

qui était acquis, et une capacité à reprendre la route sur un autre chemin.

Peut-être une telle convergence est-elle un don. Peut-être a-t-on réussi quand on est capable de rendre grâces.

Ma conviction est que le Christ, dans la loyauté de son travail messianique, dans son attention à le mener avec les autres et pour les autres, dans sa mort abandonné, est la force et la lumière de ses disciples dans un chemin dont la réussite, eschatologique sans doute, se laisse tout de même voir un peu ici-bas sur son visage – un peu comme un centurion païen avait su lire la filiation du Christ sur son corps crucifié : « Vraiment, cet homme était le Fils de Dieu[1]. »

---

1. Marc 15, 29.

Qu'est-ce qu'une vie bonne ?

par Luc Ferry

Nous confondons généralement l'idée de vie réussie avec la réussite sociale, le succès, la performance. Il faudrait revenir à une idée plus profonde et plus intéressante : celle de *vie bonne*, au sens où l'entendaient les philosophes grecs. Qu'est-ce qu'une vie bonne ? Que peut-on encore en dire aujourd'hui alors que de toutes parts les échos du désenchantement du monde résonnent, que la laïcité s'est imposée, même pour les croyants, et qu'il semble que nous n'ayons plus de réponse substantielle ou métaphysique à ce type de question ?

Dans notre tradition occidentale, il existe trois grands types de réponses à cette question de la vie bonne.

1. Les *réponses cosmologiques*. Pour avoir une vie bonne, il fallait trouver sa place dans un ordre du monde ordonné et harmonieux. Les Grecs pensaient que le monde était un cosmos, un univers ordonné, clos, hiérarchisé, qui ressemblerait à un organisme vivant, dans lequel chacun possédait

une place à lui, la sagesse consistant à rechercher cette place, si possible à la trouver.

2. Les *réponses théologiques*, elles, situent la question de la vie bonne par rapport à un Dieu.

Ces deux premiers grands types de réponses se placent toujours sous les auspices de l'immortalité : une vie vraiment bonne est capable de rejoindre cette tentation. Pour les grandes religions, cela va de soi. Pour les cosmologies grecques, le problème est analogue. Les Grecs pensaient qu'il existait deux mondes : le monde périssable que nous connaissons, et le monde immortel de la nature. Ils pensaient que les héros, ceux qui atteignent la gloire, dont les historiens parlent et inscrivent leur mémoire dans la durée, étaient capables d'atteindre quelque chose d'analogue à la pérennité des phénomènes naturels.

3. Les *réponses des sociétés laïques*, la réponse matérialiste. Après les grandes réponses cosmologiques et religieuses, les sociétés laïques dans lesquelles nous vivons ont-elles quelque chose à dire sur la vie bonne ?

André Comte-Sponville, par exemple, se situe résolument dans cette hypothèse matérialiste. Il cherche de toutes ses forces intellectuelles à répondre à la question de ce qu'est qu'une vie réussie. Je résumerai son propos à une seule idée : le désespoir est la véritable sagesse. Paradoxalement, nous pensons aujourd'hui que l'espérance est la meilleure chose du monde, qu'elle manque aux jeunes, par exemple, et qu'il faudrait la retrouver. Pour la tradition matérialiste, la sagesse se situe plutôt dans l'abandon de l'idée d'espérance (sens étymologique de désespoir), parce qu'« espérer c'est désirer sans jouir, sans savoir, et sans pouvoir ». Lorsqu'on est dans l'espérance, on désire la chose espérée sans en jouir, sans savoir, puisque nous ne savons pas quand elle adviendra – sinon, nous nous contenterions de l'attendre, ce qui est différent –, sans pouvoir, car si nous pouvions faire advenir la chose que nous espérons, nous le ferions ! Par conséquent, l'espérance est un grand malheur.

Sur ce point, en tant que matérialiste, André Comte-Sponville rejoint la grande tradition du bouddhisme tibétain qui condamne également l'idée même d'espérance, qui nous fait manquer l'instant présent, puisqu'on est dans l'attente de quelque chose qui est à venir.

La deuxième idée de la réponse matérialiste, c'est qu'il faut espérer un peu moins et aimer un peu plus. En cela, paradoxalement, cette réponse rejoint tout un aspect de la religion chrétienne.

Nous sommes simplement ce que notre histoire et notre nature nous font être. Le matérialiste dit volontiers : « Nous n'avons pas un corps et une histoire, nous sommes notre corps et notre histoire. » À cette vision matérialiste des choses, j'oppose deux idées :

La réussite ou le renoncement ? 205

a) Même si nous sommes athées ou agnostiques, nous faisons une expérience du sacré, que j'essaye de décrire à travers la notion de sacrifice, qui n'est pas seulement une notion mortifère. Imaginez quelqu'un qui n'est pas croyant et qui rejette l'idée d'une vie au-delà de cette vie matérielle et biologique que nous connaissons. S'il y a une guerre, par exemple, il va se heurter à la question de la possibilité du sacrifice de sa propre vie pour sauver quelqu'un qu'il aime, par exemple un de ses enfants. Dans ce cas, paradoxalement, cet athée fait, au travers même de l'expérience du sacrifice, l'expérience qu'il existe des valeurs supérieures à la vie, valeurs parfaitement transcendantes par rapport à la vie biologique. Ainsi, le sacrifice rejoint l'idée de sacré, qui est ce pour quoi nous serions éventuellement prêts à prendre le risque de sacrifier notre vie.

b) Contrairement à ce qu'on dit si souvent aujourd'hui, nous ne vivons pas dans un univers privé de repères moraux. C'est une grande erreur. L'inverse est vrai. Plus que jamais dans toute l'histoire de l'humanité, nous partageons un certain nombre de valeurs morales, qui se regroupent sous la bannière des droits de l'homme. Quand je dis « nous », je parle de l'ensemble des individus qui composent les sociétés laïques occidentales, par exemple.

La difficulté des sociétés laïques se situe plus sur le plan spirituel que sur le plan moral. La morale, telle qu'elle est incarnée dans cette espèce de charte commune qu'est pour nous la Déclaration des droits de l'homme, même sous sa forme initiale de 1789, c'est l'impératif de respecter la dignité, la souffrance ou le bonheur d'autrui. Elle s'est incarnée dans le droit européen sous la formule canonique « Ma liberté s'arrête là où commence celle d'autrui ».

Au-delà de la morale, mille questions se posent qui n'ont rien à voir avec elle, et qui relèvent intégralement de la problématique de la vie bonne, ou de la vie réussie. Exemples :

À quoi sert de vieillir ? Ce n'est pas une question de morale. Vous pouvez être un saint et néanmoins vieillir, et avoir des cheveux blancs ! Cela n'a rien à voir avec la morale, ce n'est pas une question de respect d'autrui.

Comment éduquer ses enfants ? Quelle est la finalité de l'éducation ? Ce n'est pas une question de morale, même s'il y a beaucoup de morale dans l'éducation des enfants.

Comment vivre le deuil d'une personne aimée ? Là non plus, ce n'est pas une question de morale. Vous pouvez vous conduire parfaitement, ou d'ailleurs être un salaud, cela ne change rien à la question de savoir quelle signification on peut donner au deuil d'un être aimé.

Ces questions existentielles sont prises en charge par les grandes religions ; ce sont des questions de spiritualité, pas de morale.

La réussite ou le renoncement ?

Lorsqu'on envisage cette question de la vie bonne – et je n'ai pas parlé du renoncement, à dessein, car pour moi la réussite s'oppose à l'échec, pas au renoncement –, on doit la poser en termes de spiritualité, au-delà de la morale. Le grand défi de la philosophie contemporaine est d'essayer de répondre à cette question : qu'est-ce qu'une spiritualité laïque ?

Gare aux renoncements pernicieux !

par Christine Ockrent

Je me placerai délibérément sur le plan de l'action, et sur le terrain laïque. Cette alternative entre réussite et renoncement ne se pose plus, me semble-t-il, ou alors elle se pose de manière inversée. Le terme même de « réussite » ne suffit plus. Dans nos sociétés d'abondance, de libertés, d'immenses privilèges, donc, malgré les difficultés de certains, la notion même de réussite a beaucoup évolué. On en parle davantage en termes de réussite de vie, plutôt que de réussite sociale. Tout se passe comme si cette société mercantile qui nous entoure, et qui a asséné à plusieurs générations ses canons de la réussite sociale, avait rendu ces canons moins efficaces. En revanche, la quête angoissée d'une autre forme de réussite gagne du terrain.

Dans le panorama actuel des croyances et des incroyances, on voit énormément de « vagabonds », c'est-à-dire des gens qui se promènent. Ils peuvent être nés dans une foi ou une culture chrétienne, juive ou parfois musulmane, ils s'en éloignent, quitte à y revenir, pour aller chercher toutes sortes de choses qui leur semblent bienfaisantes pour eux-mêmes. Il y a là une quête de réussite de soi, de leur vie, qui passe par bien d'autres cheminements que la seule réussite sociale.

La notion de renoncement, en tout cas dans la tradition chrétienne, peut être comprise comme une forme absolue d'affirmation de soi sinon d'orgueil, même si elle suppose la disparition de l'ambition en société. Et là, elle s'inverse à son tour. Le renoncement devient une nouvelle forme de réussite.

Dans l'engouement qu'éprouvent beaucoup de gens en France pour le bouddhisme, on retrouve une notion très contradictoire, l'envie de renoncer à un encombrement, d'épurer un certain nombre de choses que la société m'impose et que je porte en moi, pour aller à l'essentiel et non pas y renoncer. Il y a une vraie contradiction, donc, entre une manière très européenne d'aller vers le bouddhisme pour trouver une autre manière de s'épanouir, et donc une forme de réussite, et ce qu'est l'essence même du bouddhisme qui est l'effacement complet, le renoncement à la réincarnation, et la dissolution de l'être dans l'instant.

Il me semble qu'il y a aujourd'hui dans notre société une forme de renoncement qui, loin du renoncement chrétien, est la conséquence du fait que la société a développé de multiples formes d'assistance : le renoncement à se prendre en charge soi-même. Nous connaissons tous des gens qui ont renoncé à se prendre en charge à force de ne plus avoir à résoudre des problèmes que la société assume pour eux, et qui finissent par exiger cela comme un droit. Il y a dans cette expérience actuelle du renoncement une forme de passivité. On laisse faire parce que tout est trop compliqué.

La réussite passe dorénavant par bien d'autres choses que la réussite sociale. Mais le renoncement se manifeste sous des formes qui n'ont plus rien à voir avec le travail sur soi qui est à l'origine de toute forme de réflexion, spirituelle ou intellectuelle.

Le christianisme est-il masochiste ?

par Alain Houziaux

L'appel au renoncement est au cœur de l'exigence chrétienne. Jésus dit clairement : « Si quelqu'un veut venir à ma suite, qu'il renonce à lui-même et prenne sa croix et qu'il me suive[1] » ; « Celui qui veut sauver sa vie la perdra. Et celui qui la perdra à cause de moi la sauvera[2] ». Et il est clair que Jésus a consenti à sa mort et qu'il l'a considérée comme un sacrifice volontaire. Il a ainsi connu le renoncement suprême.

Mais il est vrai qu'aujourd'hui les notions de renoncement et de sacrifice sont généralement rejetées. Les théologiens et les pasteurs font tout ce qu'ils peuvent pour ôter à la mort de Jésus son caractère sacrificiel. Quant aux fidèles, ils voudraient évacuer de leur conscience religieuse tout ce qui a pour eux des relents de « masochisme

---

1. Matthieu 16, 24 ; Luc 14, 25-26, 33 ; *cf.* Luc 12, 13-34 ; Luc 16, 1-13 ; Luc 18, 24-30.
2. Matthieu 16, 25.

judéo-chrétien » : la culpabilité, la repentance, le péché, la morale, l'appel à faire des sacrifices ou des renoncements.

Pourquoi le « masochisme judéo-chrétien » ?

Même si cela nous dérange profondément, la notion de sacrifice de soi est au cœur de la religion, et spécialement du christianisme. Essayons de comprendre pourquoi.
– Chacun de nous a fondamentalement un désir de changer de vie. Nous avons presque tous au fond de nous-mêmes un désir de renoncer à des vices, à des esclavages, à des mauvais penchants. Nous avons un désir de conversion et de purification personnelle. Certes ce désir est particulièrement net chez tous ceux qui se sentent prisonniers d'une sorte d'enchaînement infernal (les alcooliques, les prisonniers récidivistes...), mais, Dieu merci, il est aussi présent chez la plupart d'entre nous. Ce désir de conversion (et de renoncement à ce que l'on a été et à ce que l'on est encore) c'est, à mon avis, l'honneur de l'homme. Il est donc tout à fait légitime qu'il soit au cœur de la prédication chrétienne.
– Les renoncements et les sacrifices sont aussi une manière de tuer en soi-même le « vieil homme » et ainsi de pourfendre le péché et Satan lui-même qui gîtent au cœur de chaque homme. Les

La réussite ou le renoncement ? 213

renoncements et les sacrifices ont ainsi une fonction d'exorcisme.

– On considère également, à tort ou à raison, que les renoncements et la souffrance ont une valeur rédemptrice. Les sacrifices que l'on s'impose ont une fonction d'expiation pour ses propres péchés[1]. Et ce parce qu'il faut « payer » pour réparer le mal qu'on a fait. Ce « paiement » se fait en offrant une souffrance, un sacrifice, un renoncement. Cette idée de « paiement » pour apurer une dette est au cœur de la conscience humaine et religieuse. Et le christianisme l'assume même s'il proclame que la rançon et la dette ont été payées par le Christ, « une fois pour toutes[2] ».

– Les renoncements ont aussi pour but de « gagner son paradis ». Pour gagner le salut dans l'autre monde, il faut renoncer ici-bas à tout ce qui handicape l'accès à ce salut. Tenter de « sauver » sa vie ici-bas par le goût des richesses, du pouvoir et de la sexualité, c'est compromettre son salut dans l'au-delà. Mais renoncer ici-bas au pouvoir, aux richesses et à la sexualité, c'est gagner le salut dans l'au-delà[3].

Il faut cependant ajouter que le renoncement

---

1. Et aussi quelquefois pour ceux des autres : *cf.* les moines qui, par leur propre sacrifice, tentent d'expier la violence et le péché du monde.

2. Hébreux 9, 26-28.

3. *Cf.* Charles Quint, à la fin de sa vie, qui renonce au pouvoir et rejoint un monastère.

aux agréments de la vie ici-bas n'a pas toujours pour objectif intéressé de gagner son salut dans l'au-delà. En effet, certains ascètes, en faisant preuve d'un grand désintéressement, ont été jusqu'à renoncer au salut dans l'au-delà, et ce par solidarité avec ceux qui ne pouvaient être sauvés[1].

– Renoncer à ses propres forces, c'est mettre sa confiance en Dieu seul. Ainsi les armées d'Israël, au moment où elles se préparaient à affronter leurs ennemis, renonçaient à leurs meilleurs soldats pour manifester qu'elles se confiaient en la victoire de Dieu seul. Et, de même, renoncer à faire confiance aux plaisirs et aux richesses d'ici-bas pour donner du sel à sa vie, c'est une façon de mettre sa confiance en Dieu seul. Par exemple, les moines qui renoncent à la sexualité, à la richesse et à la liberté montrent par là qu'ils considèrent que c'est par la grâce de Dieu seul et non par les richesses et les plaisirs qu'ils peuvent réussir leur vie et connaître le salut et le bonheur.

– Renoncer à soi-même, c'est aussi le corollaire de l'amour pour autrui. Aimer autrui, c'est accep-

---

1. *Cf.* Yudhisthira dans le *Mahabharata*, et peut-être aussi Jésus-Christ puisque, en s'écriant : « Mon Dieu, pourquoi m'as-Tu abandonné ? », il montre qu'il n'est plus sûr de son salut éternel, peut-être parce qu'il s'est trop compromis avec les pécheurs. *Cf.* aussi certains prêtres espagnols qui, lors de la guerre d'Espagne, renonçaient à communier (et se privaient ainsi du pain du salut) par solidarité avec les républicains et les anarchistes qui avaient été excommuniés.

La réussite ou le renoncement ? 215

ter de se sacrifier pour lui, c'est renoncer à être possessif à son égard, c'est renoncer à lui faire de l'ombre, c'est s'effacer devant lui. Aimer autrui, c'est une forme de renoncement et même de sacrifice.

Pourquoi les renoncements ne sont-ils plus à la mode ?

Pourquoi les notions de sacrifice et de renoncement sont-elles aujourd'hui discréditées ? Cela tient, à mon avis, à l'évolution qui s'est faite dans la manière de concevoir tant la vie en société que l'existence personnelle.

– Aujourd'hui, la vie personnelle se pense en termes d'épanouissement maximum. Peu nous chaut de renoncer à cette vie et de la « perdre[1] » pour gagner la vie éternelle. La question du salut ne nous préoccupe plus beaucoup. L'angoisse du salut et le sens de l'au-delà ont cédé le pas au sens de l'économie. Et celle-ci proclame : « Ne gaspillez pas votre vie en renonçant à vos désirs et à vos plaisirs. » Réussir sa vie, aujourd'hui, c'est la rentabiliser au maximum. De plus, on considère que le renoncement aux désirs et le refoulement des appétits suscitent plus de catastrophes que le fait

---

1. Selon l'expression de Matthieu 16, 25 : « Celui qui perdra sa vie à cause de moi la sauvera. »

de les assouvir. Le renoncement est aujourd'hui considéré comme antihygiénique.

– Aujourd'hui, la société se pense en termes de profit maximum. Les sacrifices et les renoncements sont considérés comme une sorte de gaspillage contre-productif. L'expiation de la violence ne se fait plus par une forme de sacrifice (par la *vendetta*, le duel, le *hara-kiri*, la peine de mort, le *potlach*[1] ou par le sacrifice des moines). Elle se fait par une condamnation à une peine d'intérêt collectif. C'est plus rentable.

– Aujourd'hui, la forme moderne du renoncement à soi-même, c'est le dévouement pour les autres. Et le sport, lui aussi, est bien souvent une forme moderne d'ascèse personnelle et une souffrance volontaire par laquelle on tente de se purifier.

Réussir sa vie

Je voudrais maintenant redonner une place et une légitimité à la notion de renoncement et montrer que l'acceptation des renoncements fait partie intégrante de la réussite de la vie.

Qu'est-ce qu'une vie réussie ? Les anciens Hébreux considéraient que « réussir sa vie », c'était

---

1. Autodépouillement, destruction de biens, don ostentatoire et dispendieux dans un contexte de rivalité entre plusieurs chefs.

mourir « repu de jours », on dirait aujourd'hui repu d'expériences diverses, de temps forts et même d'épreuves en tout genre. Réussir sa vie, ce serait avoir tout connu de la vie, du monde, des plaisirs et aussi des renoncements. Il faut, pour qu'une vie soit réussie, qu'il y ait « un temps pour naître et un temps pour mourir, un temps pour planter et un temps pour arracher ce qui a été planté[1] ». On peut ajouter : un temps pour profiter, un temps pour renoncer.

Finalement, ce qui compte dans la vie, ce sont les « temps forts », ce sont ceux où l'on éprouve réellement quelque chose. À cet égard, les moments d'épreuve où l'on apprend à renoncer (aux femmes, à ses enfants, à son travail, à son orgueil...) sont de ceux qui comptent, et qui comptent « fort ». Il importe donc de les vivre et de les avoir connus. Il n'y a là nul masochisme. Bien au contraire, puisque ces temps forts sont nécessaires à une vie pleinement réussie.

Lorsque nous ferons le bilan de notre vie, nous découvrirons peut-être que les moments qui ont le plus compté pour nous, ce sont les moments où nous avons appris à renoncer. Oui, heureux celui qui, au soir de sa vie, pourra dire avec les Béatitudes : « Heureux je suis, car j'ai su ce que c'est que pleurer, car j'ai su ce que c'est que renoncer. »

On peut penser l'articulation du renoncement et de la réussite en prenant l'exemple d'Arthur

---

1. Eccclésiaste 3.

Rimbaud et celui de Jésus-Christ. Ce sont deux manières contraires mais également valables de concevoir la réussite de la vie.

Arthur Rimbaud : à première vue, on pourrait dire que son abandon de la poésie à dix-huit ans et son départ pour l'Orient étaient une forme absurde de renoncement. Mais c'est ce renoncement qui lui a peut-être permis de réussir sa vie [1]. Rimbaud a réussi sa vie parce qu'il a tout connu de la vie : l'illumination et le commerce des armes, le Quartier latin et les bouges, le trou (Charleville-Mézières) et la galère (Aden) [2].

Et Jésus-Christ, a-t-il réussi sa vie ? Oui, parce qu'il l'a conduite en suivant, avec cohérence et fidélité, un itinéraire unique, et ce jusqu'à son « issue ». Sa mort n'a pas été le terme et l'échec de sa vie, mais l'accomplissement et l'« issue » de sa vie [3].

---

1. René Char, *Fureur et mystère*, La Pléiade, p. 271 : « Tu as bien fait de partir, Arthur Rimbaud. Tes dix-huit ans réfractaires à l'amitié, à la malveillance, à la sottise des poètes de Paris... Tu as eu raison d'abandonner le boulevard des paresseux, les estaminets des pisses-lyres, pour l'enfer des bêtes, le commerce des rusés et le bonjour des simples. »

2. « N'aspire pas, ô mon âme, à la vie éternelle. Mais épuise le champ des possibles » (Pindare, cité p. 107 par S. et J. Lacarrière, *Dans la lumière antique*, Philippe Lebaud éditeur, 1999).

3. *Cf.* ce vers de Rilke cité de mémoire : « Donne à chacun une mort qui soit l'accomplissement de sa vie. » « Réussir » a la même racine qu'« issue ». « Réussir » vient de l'italien *riuscire* qui signifie « ressortir, déboucher ». Une vie réussie, c'est une vie menée conformément à un projet jus-

La réussite ou le renoncement ? 219

Jusque dans sa mort, il a accompli la vocation qu'il pensait être la sienne, celle d'être le Serviteur souffrant, cette figure décrite et annoncée par le livre d'Ésaïe (chapitre 53). Il a accompli sa vocation, sa destinée, ce pour quoi il avait été fait, ce pour quoi il avait été élu. Jésus a réussi sa vie en renonçant à lui-même et à sa vie.

---

qu'à son issue. Une réussite est une combinaison de cartes à jouer qui a pu être conduite jusqu'à son issue.

Table ronde

Il semble que pour vous, Ghislain Lafont, réussir implique un certain renoncement. Faut-il abandonner quelque chose de soi pour réussir ?

GHISLAIN LAFONT : Les mots « bonheur », « sérénité », « liberté » disent plus ce que nous désirons que celui de « réussite », qui n'est qu'un élément, pas nécessairement premier dans la vie bonne ou le bonheur. C'est quelque chose d'autre, de spirituel.

Il ne faut renoncer à rien. Si j'ai des possibilités, des capacités, des moyens, que je les mette en œuvre au maximum ! Le seul point qui va limiter ma recherche de bonheur, dans tous les domaines de la vie, aussi bien technique qu'intellectuel, moral et spirituel, c'est la parole de l'autre. Et c'est là que je mettrai l'essence du sacrifice, qui est d'abord une valeur interhumaine. Il y a d'autres gens autour de moi, et avec ces gens, je suis toujours en relation de parole et d'écoute. Peut-être plus d'écoute que de parole. Avant que j'entre

La réussite ou le renoncement ?

dans le monde, il y a déjà des gens qui parlent. Que vais-je répondre à la parole de l'autre ? Pour lui répondre, et rejoindre son désir, j'ai besoin de renoncer à un certain nombre de choses qui sont bonnes pour *moi*, mais qui ne le sont pas pour *nous*.

L'essence du sacrifice, c'est l'écoute de la parole de l'autre. Et même dans le sacrifice religieux, en tant que moine chrétien, je ne pense pas avoir à renoncer à quoi que ce soit. Si Dieu existe, Il a une parole, et je vais écouter quand Il me parle. C'est du domaine de la foi, qui est une écoute. Et je vais essayer de régler ma vie selon la parole que Dieu m'adresse, soit dans l'intime de mon cœur, soit par les personnes qui sont autour de moi. Le sacrifice à Dieu, c'est lui donner une réponse à la parole qu'Il m'adresse, ce n'est pas de me priver de cigarette, de sexualité, ou d'argent. Tout cela est bon, mais ce qui est encore meilleur, c'est d'écouter l'autre et de faire un bout de chemin avec lui. Si l'autre c'est mon prochain, il y aura un sacrifice sur le plan humain, dont je ressortirai heureux. Et si c'est Dieu, il y aura un sacrifice encore plus grand, différent et qui me donnera le bonheur.

L'homme réussi, c'est l'homme libre. Celui que plus rien n'atteint parce qu'il a trouvé l'art d'écouter les autres, d'écouter Dieu et de s'écouter lui-même. Et c'est le bonheur.

Quel est l'équivalent laïque et agnostique de la démarche chrétienne du sacrifice, que quelques-uns qualifient de masochiste ?

Luc Ferry : Je ne suis pas de ceux qui pensent que le sacrifice est une forme de masochisme, pas plus que le renoncement. Il faut distinguer au moins deux formes de renoncement.

Premièrement, le renoncement aux attachements de ce monde. Sur ce point, la tradition bouddhiste et la tradition chrétienne se rejoignent beaucoup plus qu'on ne le croit d'ordinaire. Sœur Emmanuelle m'a raconté le sentiment qu'elle a eu en faisant son vœu de pauvreté : elle n'a jamais été aussi heureuse que lorsqu'elle a su qu'elle n'avait plus rien. Elle avait cette liberté extraordinaire qu'apporte le renoncement aux attachements de ce monde, même si c'est difficile. Dans ce type de renoncement, on peut puiser une vraie libération.

Deuxième forme de renoncement : le risque de sa vie, que ce soit pour défendre des principes ou pour défendre des êtres qui nous sont chers – ce qui engage beaucoup plus que de défendre des principes ! Du point de vue de la réflexion philosophique, ce qui est très intéressant, c'est que tout le monde peut en avoir l'idée, y compris le matérialiste le plus athée. Je suis convaincu que c'est très profond, car cela nous met en contact profondément avec le sacré, ce qui transcende toute vie matérielle.

Alain Houziaux : « Sacrifice » est un mot ambigu parce qu'ambivalent. D'une part, le sacrifice est une forme de meurtre, l'envie de tuer quelque chose qui en soi apparaît comme mauvais, démoniaque, pervers ; c'est une manière de tuer la bête qui est en nous. Mais d'autre part, le sacrifice, c'est aussi un don par lequel on offre ce que nous avons de meilleur et de plus précieux. Quand on veut le donner à Dieu, il faut y renoncer soi-même, le supprimer. On élimine ce que l'on veut donner à Dieu pour montrer qu'on n'en a plus la possession. Ce n'est pas un acte cruel mais un acte de don.

Christine Ockrent, vous êtes aux yeux de beaucoup de personnes quelqu'un qui a réussi. Mais d'abord, est-ce une réussite ?

Christine Ockrent : Bien sûr que non ! La réussite est un horizon inatteignable. La réussite sociale s'autoconsume. On ne fait jamais soi-même l'expérience de sa propre réussite. Elle n'existe que dans le regard de l'autre, chargé de multiples miroirs déformants et de ses projections.

On ne vient jamais au terme de son ambition soit de faire de l'argent, soit d'avoir du pouvoir... Le pouvoir est toujours inassouvi, par définition. On voit des gens qui n'ont de cesse que d'être président de la République et quand ils sont président, de quoi ont-ils envie sinon de continuer à l'être ? Le drame, c'est quand on l'a été et qu'on ne peut plus l'être. Où place-t-on son idée de réussite ? Il y a là des exemples contemporains tout à fait fascinants.

Il semble qu'il y ait plusieurs manières d'envisager la réussite. Ce peut être d'être reconnu comme ayant réussi, ou bien d'être en accord avec soi-même, ou encore d'être heureux... Quelle serait votre définition de la réussite ?

C. O. : L'obsession des hommes et des femmes, c'est d'être heureux. Selon les tempéraments, on a plus ou moins besoin de réussite, de reconnaître dans le regard d'autrui une étincelle de reconnaissance sociale. Il y a là une alchimie très personnelle. Pour moi, la réussite est de trouver avec les gens que j'aime une forme de sérénité, parce que la vie se charge de vous renvoyer sans arrêt à cet exercice impossible qui est de tenter de réussir sa vie. Et tout ce que l'on peut chercher chez les autres, ou dans la lecture, ou dans l'émotion que provoque la musique ou la peinture, ce sont toujours des éléments pour tenter d'embellir ce désir que l'on porte en soi, ce désir de bonheur.

Le renoncement se fait-il au nom d'une réussite supérieure ?

La réussite ou le renoncement ? 225

G. L. : Dans la vie chrétienne, par le sacrement du baptême, je suis devenu fils de Dieu, et cela me donne une sécurité intérieure très profonde, qui me permet d'agir librement. Il ne s'agit pas de faire comme si Dieu n'existait pas. Dieu reste toujours un mystère de foi. J'aime mieux poser dans ma foi que Dieu existe, qu'Il me dirige, et que je vais vers Lui, et puiser là une force de liberté que je n'aurais pas autrement. Si Dieu existe, et s'Il me donne la vie, c'est pour que je fasse tout ce que je peux faire. C'est aussi prendre les renoncements, les contradictions et les réorientations qui vont arriver comme un chemin vers Dieu, un chemin qu'Il m'indique. C'est ce qu'on pourrait appeler la vie filiale, cet art qui vient de l'Esprit Saint en nous et qui nous permet de gérer les choses moment après moment.

L. F. : Nous avons tous fait la différence entre réussite au sens courant et vulgaire du terme, qui serait le succès, la notoriété, l'argent, le pouvoir, etc., et une réussite plus authentique qui serait la liberté, la sérénité, la vie bonne.

N'oublions jamais le soupçon nietzschéen, c'est-à-dire l'idée qu'on ne renonce jamais qu'à proportion de son incapacité à réussir. Il y a là quelque chose qui mérite réflexion. Que ferions-nous si nous étions capables de réussir, au sens superficiel du terme ? Une émission de télé qui fait un gros audimat, un livre de philosophie qui dépasse les cent mille exemplaires, ça fait très plaisir ! Que fait-on, quand ça nous arrive ? Il ne faut pas faire comme si nous étions des saints : qu'est-ce qui fait que nous allons plus loin que la réussite au sens trivial du terme ? Est-ce pour de « bonnes raisons » que nous prétendons aller plus loin vers une réussite plus authentique ou, comme le soupçonne Nietzsche, pour de mauvaises raisons ? Je crois que c'est pour de bonnes raisons, mais je n'en suis jamais tout à fait certain, parce qu'une des bonnes réponses à cette question est la réponse nietzschéenne : la vie bonne est la vie la plus intense possible à chaque instant. Ce n'est pas une réponse absurde. Si nous étions à tout instant dans cette intensité, aurions-nous envie d'aller au-delà de cette réussite au sens superficiel ?

L'idée de réussite ressemble beaucoup à ce que Freud appelle le rêve éveillé, ces petits rêves qu'on fait quand on est adolescent, qui se prolongent souvent tout au long de la vie. On se raconte une histoire dans laquelle les frustrations de la vie réelle sont compensées dans la vie imaginaire. Freud note avec beaucoup d'humour que nous n'aurions jamais l'audace de raconter aux autres ces rêves éveillés, car on en a honte. Ils sont toujours d'une grande bêtise : on rêve qu'on a de l'argent, qu'on a des succès amoureux, qu'on casse la figure au type qui nous a embêté dans la rue...

A. H. : À vous entendre, je crains que l'on minimise l'importance et la valeur du renoncement. Le renoncement est une donnée fondamentale de

La réussite ou le renoncement ?

l'existence. Le problème moral n'est rien d'autre que la question du renoncement. Dans la dignité de l'homme, qui fait que c'est un être moral, il y a toujours la question du renoncement en soi. Non pas un renoncement au nom de quelque chose d'autre de supérieur, ni un renoncement stratégique, mais un renoncement pour lui-même. La question de l'amour se pose constamment en termes de renoncement : aimer quelqu'un, c'est se poser la question de savoir si on doit renoncer à un pouvoir sur l'autre, s'effacer devant lui, etc.

C. O. : S'agit-il de renoncement ou de choix ? De réussite ou de succès ? Dans la notion de réussite, il n'y a pas que la somme des succès, bien vendre un livre, ou réussir une émission de télévision. La réussite appartient à un autre registre. Cette notion de renoncement, pour un laïc, dans la vie quotidienne, relève davantage du choix.

G. L. : Il ne faut pas aller trop vite à transcender la réussite, c'est-à-dire à lui donner une valeur seulement spirituelle. On rencontre des gens qui ne réussissent en rien. « Dieu ne nous tente pas au-delà de nos forces », dit l'Écriture. Pour certains, on a l'impression qu'ils sont tentés au-delà de leurs forces. Ceux qui réussissent devraient prendre conscience que la réussite ne nous est pas indifférente, et pourtant, si nous nous y attachons, elle sera un butoir au lieu d'être un tremplin vers quelque chose d'autre.

Peut-on parler de réussite en amour ?

L. F. : L'expérience de l'amour est sans commune mesure avec celle de la réussite, ou plutôt du succès. Toute la somme des succès possibles et imaginables peut être intégralement réduite à néant par la moindre expérience d'amour authentique.

À propos de l'amour, il faut reprendre la différence que les Grecs faisaient entre *eros*, *philia* et *agapê* : *eros*, c'est celui qui consomme ; *philia*, c'est le simple fait de se réjouir de l'existence de quelqu'un, ce qui est déjà une idée qui dépasse toute espèce de calcul intéressé – « Merci d'exister ! », voilà le sentiment que nous ressentons lorsque nous rencontrons quelqu'un que nous aimons, et que le sourire nous vient aux lèvres spontanément ; *agapê* va plus loin dans le désintéressement, car c'est aussi l'amour de l'ennemi. J'ai mis quarante ans à comprendre cela. Pendant longtemps, je ne voyais pas ce qu'un juif persécuté dans un camp de concentration pouvait mettre sous *agapê* comme représentation, comme sentiment et comme expérience. Puis, une fois, j'ai approché ce sentiment. Si on est parent, on peut faire l'expérience d'une colère qui s'empare parfois des enfants vers l'âge de deux ou trois ans, d'une haine qui apparaît dans leurs yeux : là, on connaît une forme d'*agapê*. C'est pourquoi la métaphore parentale est si présente dans l'Évangile : même quand son enfant est haineux, on l'aime.

Ce type d'expérience toute simple, celle de la *philia*, ou celle de l'*agapê*, relativise considérablement l'autre expérience du succès, par ailleurs très importante. C'est en quoi on peut reconnaître quelque chose qui va plus loin que le succès, même si celui-ci fait très plaisir.

Quand on sort du champ de l'avoir et qu'on passe à celui de l'être, la notion d'abandon ou de renoncement n'a plus tellement de sens : on ne peut pas abandonner le fait d'être, on ne peut pas renoncer à être...

C. O. : Certes, mais même dans le champ de l'être, comme vous dites, il reste beaucoup d'avoir et de refus de renoncement. Nos contemporains ne veulent renoncer à rien ! Regardez les vagabonds de la spiritualité, ceux qui éprouvent un mal-être et qui cherchent à se sentir mieux dans leur tête, allant du yoga au stage de méditation, en passant par le bouddhisme, pour revenir qui chez leur curé, qui chez leur pasteur, ou partir en pèlerinage (il y a en effet un extraordinaire engouement pour les pèlerinages, pas toujours, d'ailleurs, de la part de chrétiens éduqués et pratiquants)... Dans cette quête proche du consumérisme, il y a la tendance très contemporaine de ne renoncer à rien. « Je veux tout, tous les biens du salut que je peux tenter d'acquérir, pour être mieux par rapport à moi-même, aux autres, et aux mystères de la vie... » Ce non-renoncement est très caractéristique de notre temps et de notre société d'abondance, où on veut avoir accès à tous les possibles jusque dans les biens spirituels.

La peur de l'ennui ne serait-elle pas le grand ennemi du renoncement ?

A. H. : L'ennui, c'est ce qui arrive quand on n'a plus aucune espèce d'espérance. Je suis d'accord sur le fait que désespérer donne une très grande liberté, comme l'a évoqué Luc Ferry citant André Comte-Sponville. Ce n'est pas trahir la foi chrétienne de dire que l'espoir fait partie des idoles dont il faut se libérer. L'ennemi fondamental du judaïsme et du christianisme, c'est l'idolâtrie, ce qui n'est peut-être pas très loin de ce que Comte-Sponville appelle l'espoir.

Mais il y a une différence fondamentale entre espoir et espérance. L'espoir, c'est l'attente de quelque chose de précis, qu'on désire. L'espérance est une attitude d'esprit, proche de la vivacité, du dynamisme. C'est être porté vers l'avant, attendre quelque chose de demain. C'est une espérance « à vide », qui n'espère pas quelque chose de précis, c'est une disponibilité active qui aimante demain. C'est une donnée absolument fondamentale du bonheur.

La réussite ou le renoncement ? 231

L. F. : Cesser d'espérer, ce serait être capable d'aimer le monde tel qu'il est. Et je ne vois pas comment on peut aimer le monde avec la tête qu'il a aujourd'hui ! Impossible d'aimer le monde quand il a la tête du Rwanda ! Je sais que les bouddhistes, et les spinozistes aussi, considèrent cet argument trivial. Moi, je le trouve parfaitement juste, hélas. Je ne vois pas ce que signifie cet amour du monde tous azimuts. Même si quelqu'un y parvenait, ce serait une catastrophe, car ce serait la définition même du quiétisme, voire de la lâcheté.

La vie de Jésus est-elle une réussite ou un renoncement ?

C. O. : Elle est sans doute la plus grande des réussites par le plus parfait des renoncements.

G. L. : Le Christ est un des rares humains à avoir témoigné et lancé un art de vivre. À la limite, même s'il n'était pas (comme nous, les chrétiens, le croyons) ressuscité, Fils de Dieu, le seul fait d'avoir diffusé l'Évangile dans le monde est une réussite majeure.

A. H. : Dans la notion de réussite, il y a l'idée de quelque chose qui réussit jusqu'au bout. Un peu comme aux cartes on parle de « faire une réussite », comme une combinaison qui se referme sur elle-même et dont la dernière carte est en cohérence avec l'ensemble. « Réussite », étymologiquement, a la même racine qu'« issue ». Une réussite, c'est quelque chose qui est conduit jusqu'à son issue.

En ce sens, Jésus-Christ est un exemple parfait de réussite. Sa vie a été d'une totale cohérence et sa mort est l'accomplissement de sa vie. Elle en est l'issue. « Donne à chacun une mort qui soit issue de sa vie », dit approximativement Rilke. Jésus a mené toute sa vie comme une forme de sacrifice, en se mettant tout le monde à dos et en agissant de telle sorte que l'étau se referme sur lui. Sa mort n'est pas étrangère à sa vie, elle en est la conséquence ultime, comme un point d'orgue.

Jésus-Christ a réussi sa vie, aussi, parce qu'il a été en accord avec lui-même. Ce qui nous mine, c'est ce désaccord-là. En ce sens, il est un bel exemple de réussite, parce qu'il a vécu le renoncement en plénitude, du début à la fin de son existence.

L. F. : Je ne pense pas qu'être en accord avec soi-même soit une marque de réussite. L'huître est aussi en grand accord avec elle-même...

Concernant Jésus-Christ, il est admirable que, dans l'Évangile de Jean, cet être qu'on pourrait croire en parfait accord avec lui-même, puissant dans la faiblesse et dans l'abandon des choses matérielles, pleure par deux fois. Pourquoi pleure-t-il à la mort de Lazare, alors qu'il est bien placé pour savoir qu'il va ressusciter ? Jésus fait l'expérience d'une vraie difficulté, d'une vraie contradiction, et ne semble pas totalement en accord avec lui-même. En revanche, le Bouddha ne pleure pas, sauf quand il est petit et qu'il écrase un escargot... Il est détaché de toutes choses.

J'ai toujours trouvé ce passage de l'Évangile selon Jean très difficile à comprendre, passionnant, et profond. Bien que le Christ soit l'homme-Dieu, bien qu'il sache qu'il va ressusciter son ami, que l'amour est plus fort que la mort, et que la vie est éternelle, il fait l'expérience de ce déchirement, de cette contradiction extraordinaire entre l'amour et la mort. Il fait l'expérience de la séparation, comme un homme ordinaire ; il est vraiment un humain, les faiblesses font partie de sa vie, et même les désaccords avec lui-même.

A. H. : Pour moi, être en accord avec soi-même, c'est être totalement soi, sans tricherie. Quand Jésus pleure, il est lui-même. C'est justement parce qu'il est totalement lui-même qu'il pleure.

Aimer la vie, c'est quoi ?

A. H. : Luc Ferry a parlé tout à l'heure de la difficulté d'aimer le monde. C'est un peu pareil pour aimer la vie. Dans la vie, il y a des tas de turpitudes, c'est parfois un enfer.

On peut néanmoins aimer la vie. C'est un peu la même différence qu'entre espoir et espérance. C'est un amour en soi de la vie, même si on n'aime pas *ceci* ou *cela* dans la vie, c'est un amour *à vide* de la vie.

Jésus le dit : la vie, c'est plus que le vêtement. Oui, la vie, c'est plus et autre chose que les soucis, les maladies, les échecs, l'impuissance... Aimer la vie, c'est aimer la vie qui est sous-jacente à tout ce qu'on n'aime pas dans la vie.

G. L. : À ce sujet, le mot « réconciliation » me semble important. Je ne peux vraiment aimer la vie que lorsque je suis réconcilié avec mon passé. Dans chaque vie humaine, il y a des souffrances, parfois très grandes. Mais si on est capable de finir par en tirer un bilan positif, cela permet de prolonger sa vie, toujours recommencée, avec audace.

J'ajoute que je ne peux pas être totalement réconcilié avec moi-même si je n'ai pas l'espérance que toutes les vies humaines, même les plus invraisemblables, comme au Rwanda, n'ont pas une possibilité de réconciliation. Être réconcilié avec soi-même et avec le monde, c'est fondamental pour pouvoir aimer la vie. Et cela implique que l'on puisse espérer que tous les hommes, même ceux qui semblent victimes, reçoivent, d'une manière que j'ignore, la possibilité de réconciliation.

C. O. : Aimer la vie, c'est toujours la recommencer, quelle que soit la réalité du monde. C'est ce qui nous porte pour la changer, l'embellir. Et c'est pourquoi on recommence.

La sagesse ou la passion ?

La voie du milieu

par Marc de Smedt

Une histoire tirée des chroniques de la vie de Bouddha me semble parfaitement répondre à cette problématique de la sagesse et de la passion : il est dit que Sakyamuni était le fils d'un prince, d'un chef de tribu ou de clan, dans le nord de l'Inde, près de l'actuelle frontière du Népal. Il naquit à Lumbini, où les archéologues ont trouvé beaucoup de ruines et d'inscriptions attestant cette naissance, ici, il y a plus de deux mille cinq cents ans. Il est dit aussi que son père lui donna une éducation raffinée dans les arts sportifs, guerriers et la culture du temps. Le jeune prince fut vite initié aux plaisirs de la vie et serviteurs, danseuses, cuisiniers entouraient ses désirs. Mais un jour, disent les annales, il partit, seul avec son palefrenier, faire un tour dans les bas-fonds populaires de la ville, et là, misère, maladie et mort lui sautèrent au visage ; il y rencontra aussi un moine errant, un *saddhu*, qui mendiait un peu de nourriture de porte en porte. « Que fait cet homme juste vêtu d'un pagne ? »

demanda-t-il. « Il est à la recherche de la vérité », lui rétorqua son compagnon. Cette escapade marqua profondément l'esprit du jeune homme, qui revint taraudé par cette question : quel est le sens de la maladie, de la vieillesse et de la mort ? Quels sont la vérité et le sens de cette existence ?

Une nuit, il décide d'aller à la recherche de cette vérité fuyante. Une belle scène le décrit enjambant les danseuses en train de ronfler, sans plus aucune grâce, pour embrasser sa femme endormie et s'éloigner avec son fidèle serviteur sur un cheval dont les sabots ont été entourés de chiffons pour assourdir sa fuite. Quelque temps plus tard, les deux compagnons s'arrêtent dans un champ de crémation où l'on brûle les morts. Le prince abandonne ses vêtements et se vêt d'étoffes abandonnées qu'il lave et teint dans la boue ocre du lieu, geste qui sera à l'origine du vêtement monastique bouddhiste. Il renvoie ensuite au palais son serviteur et les chevaux avec un message : il part en quête. Alors commence une vaste pérégrination qui l'emmène visiter et séjourner auprès de grands maîtres spirituels pour trouver la réponse à sa question. Des années se passent, il est devenu un yogi expert en postures et en austérités diverses, mais il n'a toujours pas trouvé la réponse à ses questions. « Chacun de ces maîtres, se dit-il, m'a enseigné une partie de la vérité, mais aucun ne la possédait toute. » Obsédé par sa recherche, il décide alors de s'enfermer dans une grotte et d'y rester jusqu'à ce qu'il trouve le sens des choses. J'ai visité cette grotte, non loin de Bodhgaya, au cœur d'une petite montagne surplombant une plaine riante baignée par un fleuve aux multiples bras.

Mais le jeune homme ne voit rien de ce paysage, car la grotte se trouve dans une anfractuosité et il faut ramper pour y accéder. Ovoïde, elle est minuscule, on peut juste s'y tenir assis dans la pénombre. Et il reste là, jusqu'à ce qu'il puisse, dit-il, « toucher sa colonne vertébrale en pinçant la peau de son ventre ». De belles statues le représentent d'ailleurs ainsi, un véritable squelette barbu recouvert d'une peau diaphane. Il réalise qu'il va finir par mourir là, comme un chien dans son trou, sans avoir trouvé cette vérité qui le harcèle. Il se traîne dehors, arrive à descendre dans la vallée où il s'écroule entre les racines géantes d'un arbre. Vient à passer un professeur de musique avec ses élèves qui, sans un regard pour ce moribond, s'installe quelques pas plus loin dans le bosquet et commence son cours en montrant son instrument : « Si les cordes en sont trop tendues, le son sera discordant, si les cordes en sont trop molles, le son sera mou, sans relief : il faut que les cordes soient exactement tendues pour donner des sons justes, nous allons donc commencer à accorder cet instrument. »

Celui qui va devenir le Bouddha réalise que ce cours peut s'appliquer à lui-même : dans son existence de prince, luxe et plaisirs l'ont dissolu, il était mou et menait une existence sans intérêt ; son existence d'ascète l'a à l'inverse conduit de macérations en austérités, aux portes de la mort, pour un résultat nul, qui ne sert à rien ni à personne. Il comprend – et on peut situer là l'invention de ce qu'on a appelé la Voie du milieu – que c'est dans l'équilibre, le subtil accord des cordes de l'être et de l'âme, que se trouve une des vérités du sens de notre existence. Pour donner à sa vie une musique juste et utile, il faut savoir harmoniser sagesse et passion.

L'histoire continue ensuite... Le Bouddha, l'Éveillé, ne perdra jamais de vue dans son enseignement cette vérité fondamentale. Nous n'avons pas besoin de devenir bouddhistes pour l'appliquer dans nos vies : sans passion, pas d'énergie pour transcender nos existences, mais sans sagesse équilibrante, la passion se transforme en folie. C'est un principe que nous retrouvons en cybernétique : tout système énergétique va soit vers l'échauffement et l'éclatement (le *runaway* vers l'infini), soit vers le refroidissement et l'extinction (le *runaway* vers zéro) : il lui faut un thermostat pour équilibrer ces énergies apparemment contradictoires. Le Bouddha préconisait que la méditation (à chacun de trouver la sienne) pouvait en faire office dans nos vies et nous aider à vivre nos contradictions en pleine conscience.

Le clair et le trouble de notre ciel intime

par Jacques Lacarrière

Sagesse ou passion ? Cette question a un inconvénient : elle oppose deux termes qui, à mon sens, ne s'excluent nullement l'un l'autre. Je crois que, sans être absolument complémentaires, ils peuvent parfaitement coexister au sein d'un même individu. L'idée que la sagesse serait exclusive de toute passion, qu'elle serait par essence désincarnée, me paraît tout à fait discutable. Ce point de vue vient sans doute de ma pratique des philosophes grecs qui appartenaient à des courants très différents, mais qui se rejoignaient au moins sur un point, à savoir que la sagesse n'était pas exclusive des passions ou de certaines passions et qu'elle ne pouvait s'obtenir qu'en conciliant ou en harmonisant les tensions multiples et anarchistes de l'être et du mental.

En disant cela, je pense d'ailleurs très précisément à Hippocrate, ce médecin grec du VIe siècle avant J.-C. pour qui la santé n'était pas un état en soi, une sorte de domaine étanche à toute atteinte du monde extérieur, mais plutôt un état d'équilibre, d'empiètement à l'égard de la maladie. La paix, disait-il, ne consiste pas seulement à se livrer à des occupations paisibles, mais aussi à combattre en nous et chez les autres nos instincts guerriers. La santé est un acquis exigeant lutte et vigilance face à la maladie toujours possible, toujours présente. L'état de santé implique donc une attention constante à notre corps, il n'est pas un congédiement mais un pacte avec la maladie, et il en est de même pour la sagesse. Hippocrate, on s'en doute, ignorait tout, alors, de l'existence des microbes, des gènes, des bactéries et des virus, mais il n'était pas loin de la vérité quand il disait que la maladie guette sans cesse aux portes de notre corps. La maladie n'est pas le contraire ou le négatif de la santé, elle en est une dégradation, un dysfonctionnement.

La passion n'est donc pas – à mes yeux – une perturbation, une turbulence inattendue surgissant soudain dans notre cœur ou dans notre âme, pas plus que la sagesse n'est un état autonome, une sorte de zone franche entée au cœur de nous-mêmes. Je ne suis pas manichéen de nature et, pour moi, sagesse et passion ne sauraient s'opposer ni matériellement ni ontologiquement. Ce sont deux états différents – le premier, clair et transparent ; le second, trouble et opaque – de notre ciel intime. Et de même que l'orage (pour rester dans la métaphore météorologique) n'est qu'un état du

La sagesse ou la passion ? 243

ciel parmi d'autres, la passion n'est qu'un état de l'être parmi d'autres. Si bien qu'une sagesse – ou, disons, une sérénité ou une tranquillité – qui ne serait acquise qu'au détriment ou par la suppression, disons même : l'ablation de tout désir ou de tout état émotif, serait une sagesse sans corps, aussi désincarnée que, dans les parcs, ces statues de l'Amour insensibles à tout puisqu'elles demeurent de marbre !

Inutile, donc, à supposer d'ailleurs que cela soit possible, de tuer ou supprimer en nous les élans sauvages et les passions fauves habitant notre ménagerie intérieure pour tenter d'obtenir la sagesse. Contentons-nous de les dompter ou de les sublimer, selon qu'on prend la métaphore au sens propre ou au sens figuré. S'il n'en était pas ainsi, il suffirait alors, pour être ou pour devenir sage, de se bourrer de tranquillisants – mot qui dit bien ce qu'il veut dire – et de croire ou penser ainsi que les problèmes sont supprimés ! Ne tuons pas le tigre qui s'agite et qui tourne en nous, mais essayons de l'amadouer suffisamment pour que – tout en demeurant un félin – il nous devienne inoffensif. Si la passion consiste à rugir, la sagesse, elle, consistera alors à ronronner.

Ronronner au lieu de rugir, avancer au lieu de bondir, ces comparaisons sont approximatives, mais elles disent clairement que rien ne peut être obtenu autrement que par un travail sur nous-mêmes. Apprivoiser, amadouer, dompter, dresser :

voilà les quatre voies, ou les quatre stations menant à la sagesse. N'attendons rien qui puisse venir d'ailleurs que de nous-mêmes. N'espérons ni état de grâce ni hasard providentiel. Méfions-nous de ces pieuses gravures où des orantes et des orants prient en extase, irradiés d'une lumière venue de la voûte céleste. Nulle voûte, céleste ou non, n'est détentrice de sagesse. Ni d'ailleurs de passion. Cette dernière n'est pas une maladie, mais une démesure, un débordement, un excès, un torrent dont il faut maîtriser, canaliser et diriger les eaux en évitant soigneusement de les tarir. Il ne s'agit donc pas, je ne crains pas de le répéter, de combattre ou de supprimer les énergies profondes de notre être, mais d'en neutraliser ou, mieux, d'en atténuer les fureurs ou les humeurs. Comme par le vaccin on atténue la virulence d'un microbe, en prenant bien soin de ne pas le tuer : ce microbe nous apporte ainsi la vie au lieu de nous donner la mort.

Pour conclure, si conclusion il doit y avoir à ce stade, je dirai donc qu'un sage ne saurait être un homme sans corps, un pur esprit ou un fantôme. Il ne saurait encore moins être un corps d'où toute sensation, tout sentiment seraient anesthésiés. Un tel sage ne serait plus un homme, mais une momie en hibernation. Les momies, je n'en doute pas un seul instant, sont d'une sagesse irréprochable, mais ce n'est pas, je pense, à cette sagesse passive que nous aspirons. La sagesse doit être active et le sage

La sagesse ou la passion ?

doit continuer d'être sensible à tous les attraits comme à tous les défis de ce monde. Un peu comme l'œil du cyclone, immobile et imperturbable au cœur de la tourmente, mais qui n'en est pas moins toujours ouvert, jamais aveugle. Harmoniser en soi mesure et démesure, faciliter les noces du silence et du cri, convertir l'impatience en patience et la passion en compassion, ce sont quelques-unes des voies – ou des sentiers – pouvant conduire vers la sagesse. Car toute sagesse vivante et vivifiante ne saurait s'engendrer de la mort ou des cendres du moi, mais de ses braises intactes et vives.

Dieu n'a-t-il pas rendu folle la sagesse de ce monde ?

par Hubert Bost

Pour le théologien chrétien, les notions de sagesse et de passion sont des notions héritées. À la différence d'une notion comme celle d'alliance, qui est apparue et s'est développée dans la Bible, la sagesse et la passion sont nées dans le terreau de la philosophie grecque, notamment épicurienne et stoïcienne. Nul besoin de s'étendre longuement sur le fait que la philosophie est, étymologiquement, « amour de la sagesse », et que les passions humaines apparaissent comme autant d'obstacles : le *pathos* en grec, la *passio* en latin, c'est cette affection de l'âme qui empêche de parvenir à l'ataraxie, ou à l'apathie, cet état d'équilibre ou d'indifférence qu'est la vraie *sophia*.

Au cours de son essor, le christianisme apparut généralement comme une école philosophique dont beaucoup de motifs étaient, au plan de la morale, assez proches du stoïcisme : chez Clément d'Alexandrie, la connaissance (*gnôsis*) chrétienne est une sagesse tant morale que religieuse qui per-

La sagesse ou la passion ? 247

met de comprendre qui est le vrai Dieu et quels sont les moyens pour mener une vie pure. La maxime de l'oracle de Delphes – « Connais-toi toi-même » – est reprise pour déboucher, chez Augustin par exemple, sur une *sapientia* pratique qui passe par l'amour de Dieu et du prochain. Mais cette connaissance est donnée gratuitement par Dieu, elle est reçue par l'homme dans ce qu'on appelle la foi. C'est le Christ qui en est l'accomplissement.

Dans le même temps, par le biais des reprises bibliques (notamment dans l'Évangile de Jean et les Épîtres de Paul, pour le Nouveau Testament), les notions de sagesse et de passion ont été fortement réinterprétées par l'événement de l'incarnation, de la mort et de la résurrection du Christ. Or cette « concentration christologique » a fait en quelque sorte exploser l'opposition entre sagesse et passion. Assez vite, les Pères de l'Église, à partir de Tertullien, au IIIe siècle, ont en effet parlé de la Passion du Christ pour évoquer sa mort. Or, par ailleurs, la prosopopée de Proverbes 8, 22-31 – où la Sagesse parlait du monde que Dieu avait créé avec elle – et le Prologue de l'Évangile de Jean (1, 1-5 et 9-14) où c'est le Verbe de Dieu qui avait ainsi « collaboré » à la création du monde sont lus l'un à la lumière de l'autre : la Sagesse est ce que la Bible appelle ailleurs le Verbe[1]. Ce Verbe s'est

---

1. *Cf.* Justin, Théophile, Athénagore. D'autres théologiens identifient la Sagesse hypostasiée au Saint Esprit

incarné en Jésus-Christ, il a souffert, il est mort et ressuscité. La Passion du Verbe était, par transitivité, celle de la Sagesse... Sagesse et passion ont dès lors un destin lié en Christ...

Le christianisme élabore et énonce une thèse théologique qui bouleverse le système des valeurs reçues de la philosophie. On pourrait la résumer de la manière suivante : la révélation de Dieu culmine en la personne de Jésus le Christ. Celui que la tradition chrétienne présente comme la Parole de Dieu incarnée rassemble en lui la sagesse et la passion, en une contradiction apparente qui n'est pas sans rappeler l'affirmation tout aussi insensée consistant à dire que Jésus-Christ est à la fois « vrai Dieu » et « vrai homme ».

Après ce coup de projecteur sur l'héritage de la question en régime chrétien, lui-même à la fois en continuité et en rupture avec l'héritage grec, nous devons aussi nous arrêter un instant sur les registres dans lesquels nous comprenons spontanément aujourd'hui le sens des mots « sagesse » et « passion ».

La sagesse, pour nous, c'est une attitude ou une philosophie ou un système religieux qui permet d'accéder au bonheur – ou de renoncer à le rechercher. Est sage, en ce sens, celle ou celui qui a suffi-

---

(Théophile d'Antioche, Irénée de Lyon), à une époque où, au demeurant, la théologie chrétienne ne différencie pas toujours – ou pas encore comme elle en prendra l'habitude par la suite – l'action du Logos et celle de l'Esprit.

samment médité sur le sens – ou l'absurde – de la vie pour ne pas entretenir d'illusions. Mais est sage aussi l'enfant qu'on dit obéissant ou raisonnable. Ces deux sens – la circonspection réfléchie de l'homme avisé et la gentillesse obéissante de l'enfant – nous indiquent que la sagesse a partie liée avec la raison : la sagesse est raisonnée, et elle se veut raisonnable. La raison, en ce sens d'instance de régulation, s'oppose à la passion comme dérèglement, pulsion irrépressible.

La passion renvoie quant à elle au thème de la souffrance (comme dans « pathétique » ou « pathologie »), mais souvent en lien avec un sentiment fort, une affection de l'âme qui nous met hors de nous-mêmes. C'est le cas dans la colère par exemple, et l'on se souvient de cette réflexion de Montaigne à propos de l'expérience : « De l'expérience que j'ai de moi, je trouve assez de quoi me faire sage, si j'étais bon écolier. Qui remet en sa mémoire l'excès de sa colère passée et jusqu'où cette fièvre l'emporta voit la laideur de cette passion mieux que dans Aristote, et en conçoit une haine plus juste[1]. »

Mais la passion n'est pas forcément négative. Qu'on pense par exemple à la passion d'Antigone pour la justice, ou à la passion amoureuse : la passion affecte quelqu'un sur qui agit quelque chose ou quelqu'un d'autre. Pour comprendre ce qui se

---

1. Montaigne, *Essais*, III, XIII : « De l'expérience ».

joue ici, il n'est pas inutile de recourir à la grammaire : la passion renvoie à la passivité, presque à la capture. Dire : « Je suis amoureux », ce n'est pas prétendre qu'on a décidé d'aimer quelqu'un ; c'est au contraire se reconnaître envahi, et parfois à son corps défendant, par un sentiment que l'on ne peut contrôler[1]. En ce sens, la passion s'oppose à l'action comme en grammaire le mode passif s'oppose à l'actif.

On le voit, les connotations de la sagesse et de la passion sont nombreuses et ne vont pas forcément dans une seule direction. Globalement, la sagesse évoque la philosophie, une conformation, un ajustement à l'ordre du monde, mais aussi une certaine prise de distance, une équanimité, voire une impassibilité, si l'on veut faire le lien avec le mot auquel nous l'opposons. La passion retentit comme événement où le sujet est impliqué dans sa singularité, où est présente une dimension de souffrance. La sagesse joue sur le registre de la distance, de la permanence, voire de l'éternité, tandis que la passion fait rupture dans l'ordre des choses, et s'inscrit dans l'histoire. La sagesse est retrait, indifférence, stoïcisme, désinvestissement, liberté, émancipation, maîtrise ; la passion est au contraire implication, elle se traduit par un sentiment tragi-

---

1. Le dictionnaire *Le Robert* la définit comme un « état affectif et intellectuel assez puissant pour dominer la vie de l'esprit, par l'intensité de ses effets, ou par la permanence de leur action ».

que, un combat, une solidarité, voire de la révolte ou du désespoir.

Dieu de sagesse et de passion

Quelles implications théologiques peuvent avoir de telles considérations ? Il me semble que l'on peut mettre en tension deux types de discours sur Dieu, soit en partant de la sagesse, soit en partant de la passion.

Partons, classiquement, de la sagesse. Poser Dieu comme sagesse, c'est le concevoir dans l'ordre de la maîtrise : un Dieu de sagesse est un Dieu qui ordonne le monde et exhorte ses créatures à l'élévation. Comme dans le stoïcisme, l'homme est invité à une éthique du détachement. La sagesse humaine se définit alors comme reflet imparfait ou imitation de la sagesse divine. Qu'elle soit un don ou un effort de mise en ordre de soi et du monde opposé au désordre, une telle sagesse est ébranlée et mise en cause par le message radicalement différent, scandaleux, déraisonnable, de la Croix. Mais cette dynamique de sagesse, cette élévation pensée comme réponse à une grâce première, c'est aussi l'effet d'un zèle exclusif, suscité par un Dieu « jaloux ». C'est un « investissement » existentiel fort, une tension dont certaines pages de mystiques nous donnent l'exemple. On débouche là sur un premier paradoxe : un tel zèle n'est guère éloigné de la passion, au sens de quelque chose ou de quelqu'un qui nous domine et mobilise la totalité de notre être. J'en donnerai pour illustration ce passage d'un texte de Boèce (VIe siècle) qui personnifie la philosophie, l'identifie au Christ et la rend proche et solidaire du croyant souffrant :

> Ainsi se dissipèrent les nuées de mon affliction. Je bus la lumière du ciel et je repris mes esprits, assez pour reconnaître celle qui me guérissait. Et dès que je fixai mes yeux sur elle et que je la regardai, je reconnus la nourrice qui m'avait élevé, celle dont j'avais hanté la demeure depuis ma jeunesse, la Philosophie. Et je dis : « Que fais-tu ici, jusque dans ces déserts où me voici banni, ô reine de toutes les vertus ? Pourquoi es-tu descendue de ton siège dans les cimes du ciel ? Serais-tu, toi aussi, accusée avec moi de crimes imaginaires ?
> — Pouvais-je abandonner mon enfant ? répondit-elle. Pouvais-je ne pas partager le fardeau que tu portes en haine de mon nom ? Il n'était pas permis que la Philosophie laisse un innocent sans compagnon sur son chemin, et je devrais avoir peur qu'on m'accuse ! Quoi ! Je devrais trembler d'horreur ! Cet événement est-il à ce point inouï ? Crois-tu donc que c'est aujourd'hui la première fois que la Sagesse est cernée de menaces par des mœurs corrompues ? Et même chez les Anciens, avant ma période de

grandeur chez Platon, n'ai-je pas eu aussi à combattre ce grand combat contre l'arrogance et la stupidité ? Et, en son temps, n'étais-je pas auprès de son maître Socrate lorsqu'il remporta la palme du martyre[1] ? »

N'y aurait-il pas de sagesse sans passion ? Repartons de ce second terme. Si on le prend en son sens christologique (un sens qu'ont conservé les *Passions* musicales comme celles de J.-S. Bach), le trajet, quoique inverse, recoupe celui que nous venons d'accomplir avec Boèce. Il ne s'agit plus d'élévation et d'impassibilité de l'homme mais d'abaissement et de souffrance de Dieu. L'incarnation, la kénose (le fait de se vider), c'est l'initiative et le geste de Dieu. La Passion, c'est l'humanité rencontrée *passivement* par Dieu qui s'approche d'elle et s'engage pour elle. Considérée comme effort humain, comme exercice spirituel, la sagesse paraît alors totalement vaine. Il n'y a guère de connaissance ou de raison humaine qui vaille ici, c'est la foi donnée qui compte, une foi qui confine à la folie. C'est Dieu qui fait preuve de compassion, et qui s'est passionné pour sa partenaire, l'humanité : « Dieu a tellement aimé le monde qu'il a donné son Fils unique afin que quiconque croit en lui ne meure pas mais qu'il ait la vie », explique l'évangéliste Jean. On découvre ici un nouveau paradoxe, symétrique et inverse du pre-

---

1. Boèce, *Consolation de la philosophie*, I, 3.

mier : la passion ici ne rejoint-elle pas une forme de sagesse au sens du renoncement à être par soi-même, à se recevoir de soi ? Tandis que les hommes cherchent à se faire dieux, Dieu renverse la vapeur et se fait homme :

> Remarquez qu'il y a une grande douceur à entendre le Dieu du ciel dire : notre terre. Écoutez, filles et fils des hommes nés de la terre : le Seigneur a fait pour vous de grandes choses. Il a des liens très forts avec la terre, et avec l'Épouse qu'il lui a plu de choisir parmi les créatures terrestres. Sur notre terre : ces mots n'ont pas l'accent de la souveraineté mais du compagnonnage et de l'amitié. Il parle là en Époux plutôt qu'en Maître. Lui qui nous a créés, il se présente comme l'un de nous. C'est le langage de l'amour, qui ignore toute domination. [...] Lui-même est devenu comme l'un de nous. Non, ce n'est pas assez dire : il est devenu l'un de nous. C'est peu d'être semblable aux hommes. Il est homme. Aussi revendique-t-il notre terre : non pas comme son fief, mais comme sa patrie[1].

Finalement, dans leur opposition même, sagesse et passion se rejoignent. L'une n'est pas sans l'au-

---

1. Bernard de Clairvaux, *Sermons sur le Cantique des cantiques*, LIX, 1-2.

tre. C'est, selon la belle expression de Nicolas de Cues, une « coïncidence des opposés ». Ou, pour le dire avec l'apôtre Paul, le *langage de la croix* est un scandale et une folie : « Dieu n'a-t-il pas rendu folle la sagesse du monde ? [...] Car ce qui est folie de Dieu est plus sage que les hommes, et ce qui est faiblesse de Dieu est plus fort que les hommes » (I Corinthiens 1, 18-25). Cette affirmation centrale de l'Évangile, Martin Luther en montre l'importance pour l'image que nous nous faisons de Dieu. S'il est aisé d'avoir une « connaissance générale » de Dieu – elle serait pour nous de l'ordre d'une sagesse –, il est infiniment plus important de savoir, en une « connaissance particulière », qui Il est, et cela seule la Passion nous le révèle :

> La connaissance de Dieu est de deux ordres : générale et particulière. Tous les hommes ont la connaissance générale : que Dieu existe, qu'Il a créé le ciel et la terre, qu'Il est juste, qu'Il punit les impies, etc. Mais ce que Dieu pense de nous, ce qu'Il entend donner et faire pour que nous soyons affranchis (ce qui est la connaissance particulière et véritable de Dieu), cela, les hommes ne l'ont pas connu.
> « Maintenant que vous avez connu Dieu, ou, plutôt, que vous avez été connus de Dieu » (Galates 4, 9). Il s'agit d'une mise au point du raisonnement. [...] À vrai dire, notre connaissance est plus passive qu'active, c'est-à-dire

qu'elle consiste davantage à être connu qu'à connaître. Agir, pour nous, c'est souffrir que Dieu opère en nous : Il donne la Parole et, en la saisissant par la foi donnée d'en haut, nous naissons enfants de Dieu. L'affirmation est donc : « Vous avez été connus de Dieu », autrement dit : vous avez été visités par la Parole, la foi et le Saint Esprit vous ont été donnés, par quoi vous avez été renouvelés, etc. Par ces paroles aussi : « Vous avez été connus de Dieu », Paul abroge la justice de la loi et il nie que la connaissance de Dieu nous vienne de la dignité de nos œuvres. « Car nul ne connaît le Père si ce n'est le Fils et celui à qui le Fils aura voulu le révéler » (Matthieu 11, 27). « Par la connaissance qu'ils auront de Lui, Il justifiera un grand nombre d'hommes, car Il portera Lui-même leurs iniquités » (Ésaïe 53, 11). Notre connaissance de Dieu est ainsi purement passive [1].

Finalement, la tension entre la sagesse et la passion nous renvoie à notre liberté. L'on part d'une idée d'émancipation contenue dans la sagesse, et d'un engagement intimé par la passion. Et l'on découvre qu'émancipation et engagement peuvent s'enraciner inversement, celle-là dans la passion, celui-ci dans la sagesse...

---

1. Martin Luther, *Œuvres*, t. XVI, commentaire de l'Épître aux Galates, p. 110 *sq.*

Quand faut-il devenir sage ?
Le plus tard possible !

par Alain Houziaux

La sagesse et la passion semblent s'opposer. La passion, c'est Esaïe, Amos et Osée, les prophètes non conformistes d'Israël ; c'est Jésus, dont la radicalité est époustouflante, et même saint Paul, parfois si ambigu, mais qui a pourtant défini la foi comme une folie. La sagesse, c'est l'art du gouvernement et de la gestion à long terme, c'est la vertu première des philosophes et des politiciens.

Dieu Sagesse ou Dieu Passion ?

D'abord, Dieu est-il Sagesse ou bien est-il Passion ? Je répondrai : l'un et l'autre. Mais en fait, on le constatera, il ne s'agit pas du même Dieu.

Dieu peut être compris comme une Sagesse qui assure le gouvernement du monde et de l'histoire. Il est la Sagesse qui assure la cohérence de l'univers, son équilibre, et par là même son maintien et son évolution. Dante chantait « l'amour qui met en mouvement le soleil et les autres étoiles ». On pourrait tout autant parler de la Sagesse qui maintient l'harmonie du monde aussi bien pour ce qui est de l'ordre des galaxies, du rythme des saisons de notre planète que des régulations qui suscitent l'ardeur à se reproduire de la mouche !

Concevoir Dieu comme la Sagesse animant et régulant l'univers, c'est, me semble-t-il, la manière la plus évidente de définir Dieu. En effet, s'il y a un mystère qui nous étonne, bien plus encore peut-être que celui de l'origine et de la création du monde[1], c'est celui de l'organisation de l'univers et de son équilibre. D'ailleurs, cette idée de Dieu comme Sagesse gouvernant l'univers est beaucoup plus ancienne que celle de Dieu comme Créateur du monde. On la retrouve chez Platon, les stoïciens, les Égyptiens et aussi dans les livres bibliques[2]. Et elle est aussi en accord avec certains courants de la pensée contemporaine[3] qui la trouvent très plausible, même scientifiquement.

---

1. Le dogme de la création *ex nihilo* de l'univers par Dieu pose bien des problèmes, ne serait-ce que celui du mal. La conception d'un Dieu créateur *ex nihilo* du monde est tardive et n'est pas biblique. Le récit de la création du monde de Genèse 1 ne s'y réfère pas (*Cf.* Alain Houziaux, *Le Tohubohu, le Serpent et le bon Dieu*, Presses de la Renaissance, 1998).

2. *Cf.* Proverbes 8 et aussi Colossiens 1, 12-20. Le Christ est présenté comme la Sagesse qui gouverne toutes choses.

3. Dans la mouvance New Age, on insiste souvent sur le phénomène d'autorégulation cybernétique (rétroaction des

La sagesse ou la passion ?

Mais Dieu peut être aussi compris comme une forme de Passion. Dans la Bible, Il est présenté comme un Époux passionné qui toujours tente de reprendre sa place auprès de son « épouse », Israël, qui voudrait s'éloigner de lui. Dieu plaide sa cause, menace, puis se fait de nouveau séducteur[1]... Bien sûr, il s'agit d'une forme de parabole. Mais elle est toujours d'actualité. Aujourd'hui, plus que jamais, nous sommes toujours harcelés par Dieu. Aujourd'hui, plus que jamais, même pour les agnostiques et les athées, Dieu est ressenti comme un Époux qui a été éconduit et qui continue à frapper à la porte. La question de Dieu revient toujours à la charge. Et Dieu est une Question qui obnubile, obsède, nous rattrape et dont on ne peut se débarrasser. Et même les croyants sont souvent, en fait, des athées que Dieu « tire » par les pieds, malgré eux.

Le Dieu Sagesse est un Dieu impersonnel, une sorte de principe qui gouverne le monde. C'est le Dieu « des philosophes et des savants ». Et le Dieu Passion, c'est le Dieu de l'expérience religieuse. C'est le Dieu « d'Abraham, d'Isaac et de Jacob ».

---

effets sur les causes) qui semble gouverner l'univers dans son ensemble, et aussi notre planète, la vie... Et Dieu serait cette « main invisible » qui dirige et régule notre univers.

1. *Cf.* le livre d'Osée et aussi Michée 6.

La foi comme passion : Jacob

Non seulement Dieu peut être conçu comme une Passion ou comme une Sagesse, mais la foi elle-même peut être comprise comme une passion ou comme une sagesse.

La foi passion, c'est celle qui court après Dieu pour tenter de Le contraindre de nous répondre, de nous rendre la vie, la santé et le salut. On la rencontre chez tous ceux qui prient, supplient et se battent avec Dieu pour qu'Il leur fasse grâce une fois pour toutes et qu'Il cesse de leur faire payer leurs fautes passées. C'est celle du patriarche Jacob lorsqu'il combat avec l'Ange. « Je ne te lâcherai pas que tu ne m'aies béni[1]. » Jacob combat, d'un combat passionnel et enfiévré, pour obtenir de Dieu que sa conscience d'être fautif soit retournée en conscience d'être béni et pardonné.

La foi passion, c'est aussi celle de ceux qui cherchent Dieu toute leur vie et de toutes leurs forces. Et qui ne Le trouvent jamais, justement, parce qu'ils Le cherchent. La foi passion, c'est celle de ceux qui lisent tous les livres, font tous les pèlerinages, écoutent tous les gourous, essaient toutes les clés pour tenter d'ouvrir une serrure qui ne s'ouvre pas. C'est celle de tous les jeunes hommes, riches ou pauvres, qui demandent : « Que dois-je

---

1. Genèse 32, 26.

La sagesse ou la passion ?

faire pour obtenir la vie éternelle et pour rencontrer Dieu ? »

La foi comme sagesse :
Job, le fils prodigue et Jésus

La foi passion, c'est donc celle qui supplie et réclame. Et la foi sagesse, c'est celle qui advient lorsqu'on a été épuisé et vidé par les combats de la foi passion. La foi sagesse advient comme une sorte de « second souffle » pour ceux qui ont perdu leur souffle en questions, en suppliques et en échecs. Mais, pour découvrir la paix de cette foi sagesse, il faut être passé par une sorte de capitulation[1], la capitulation de la foi passion.

Cet itinéraire de la foi passion à la foi sagesse, on peut le retrouver chez Job. Job, pendant trente chapitres, harcèle Dieu, Le convoque et L'appelle. Puis, « au bout du rouleau », il découvre que l'ultime nom de Dieu est Énigme, Sagesse et peut-être aussi Tendresse. Il met « son doigt sur sa bouche[2] », comme les tout-petits. Et il découvre la sagesse, celle de contempler sans comprendre, celle de s'étonner sans questionner. Mais il faut avoir été vraiment « au bout du rouleau » pour pouvoir peut-être la découvrir. Pas avant.

---

1. De même que, nous l'avons dit, la tendresse ne survient qu'après une sorte de mort à soi-même.
2. Job 39, 37.

Cet itinéraire, c'est aussi celui du fils prodigue[1]. En effet, pour qu'il accepte de retourner à la maison du Père, il faut qu'il aille, lui aussi, jusqu'au bout du bout de sa passion. Simone Weil[2] explique que le fils prodigue, tout comme chacun de nous d'ailleurs, a en lui une « énergie supplémentaire », celle qui justement suscite la passion, les désirs et les appétits de toutes sortes, y compris les plus louables tels que la foi passion et l'escalade du ciel. Mais pour découvrir la foi sagesse, il faut que cette « énergie supplémentaire » soit utilisée, dépensée, épuisée et grillée jusqu'au bout. Il faut qu'elle soit complètement épuisée pour que l'homme – le fils prodigue en l'occurrence – soit contraint de découvrir ce qui est l'« unique nécessaire[3] ».

Cet « unique nécessaire », c'est ce que Simone Weil appelle l'« énergie végétative ». Cette énergie, c'est celle qui nous reste pour survivre, lorsque nous avons tout perdu, même l'honneur, même le désir, même la passion, même la foi qui cherche Dieu. C'est celle qui nous fait tendre la main comme un mendiant, comme un « pauvre » ou, mieux, comme un « pauvre type[4] », pour mendier

---

1. Luc 15.
2. *La Connaissance surnaturelle*, Gallimard, 1950, p. 179-181.
3. Luc 10, 42.
4. Pour rendre toute sa force à la première Béatitude, il faudrait la traduire : « Heureux les *pauvres types* car le Royaume des cieux est à eux ».

La sagesse ou la passion ?

notre survie, notre pain et notre pardon. C'est celle qui ramène le fils prodigue chez son père.

Cette sagesse, c'est d'accepter d'être accepté tout en se sachant inacceptable[1]. C'est d'accepter de vivre *à découvert, à nu*, comme un pauvre qui se présente chez son père en demandant à être esclave, rien qu'esclave. On saisit la différence entre cette sagesse du fils prodigue et la « pseudo-sagesse », étriquée et conformiste, du fils aîné qui n'est en fait qu'un manque d'imagination et de vitalité.

Ainsi cette sagesse est faite d'humilité, mais aussi de confiance. Elle est une forme de foi, c'est-à-dire de consentement à la divine Providence. Cette foi comme sagesse, pour la découvrir, il faut, comme le fils prodigue, que nous y soyons contraints par le désespoir et par les échecs. Il faut que nous soyons acculés à la fois au désespoir et à la sagesse.

Cet itinéraire du fils prodigue, on peut le retrouver avec la parabole des dix vierges[2]. Rappelons-le, les dix vierges attendent l'Époux. Pendant la première partie de la nuit, elles consument pour l'attendre une première ration d'huile, l'« énergie supplémentaire[3] ». Pendant la deuxième partie de

---

1. *Cf.* Paul Tillich, *Le Courage d'être*.
2. Matthieu 25, 1-13.
3. On peut remarquer que les dix jeunes filles dorment pendant que s'épuise peu à peu cette « énergie supplémentaire », comme si celle-ci relevait du rêve.

la nuit, seules cinq d'entre elles ont une nouvelle ration d'huile : l'« énergie végétative ». La première ration d'huile, c'est celle de l'espoir qui est enraciné dans le désir et la passion. La deuxième ration d'huile[1], c'est celle de l'espérance qui consiste à attendre, à être seulement « en attente de Dieu », comme dit Simone Weil. Mais pour pouvoir en venir là, il faut avoir épuisé la première ration d'huile. Il faut avoir épuisé la passion de l'espoir pour pouvoir connaître la sagesse de l'espérance. Cette espérance est désir et attente de Dieu, mais désir sans souhait, simple disponibilité. C'est « être attentif à ce qui n'a pas encore été dit, soumis à ce qui n'a pas été encore promulgué, prosterné vers ce qui n'est pas encore[2] ».

Cet itinéraire, on le retrouve encore chez Jésus lui-même. Lui aussi bataille avec sa passion et sa supplication. Et, au jardin de Gethsémanée, il demande et prie : « Mon Dieu, s'il est possible, que cette coupe s'éloigne de ma bouche. » C'est encore l'espoir, c'est encore le désir, le désir que Dieu se montre comme un Dieu Salomon, un Dieu miracles. Puis, Jésus en vient au comble du désespoir : « Mon Dieu, mon Dieu, pourquoi m'as-Tu abandonné ? » Et c'est à cet instant que tout se renverse. La passion devient sagesse, l'es-

---

1. À ce moment-là, les jeunes filles ne dorment plus. La sagesse de l'espérance « à vide », c'est la véritable vigilance, c'est être « en attente ».
2. Victor Segalen, *Stèles*.

poir devient espérance, Jésus conclut : « Mon Dieu, je remets mon esprit entre tes mains. » L'espérance est alors suspendue à Dieu seul. Pour n'espérer qu'en Dieu seul, il faut avoir désespéré de tout, y compris de Dieu. « Il n'y a de refuge contre Dieu qu'en Dieu seul. »

La légende du Grand Inquisiteur

Nous présentons donc la sagesse comme la forme ultime de la foi. Mais, on l'a bien compris, il faut avoir connu et vécu la foi passion jusqu'au bout pour pouvoir en venir à cette foi sagesse. Pourtant, en général, les choses ne se passent pas ainsi. La plupart des sages n'ont jamais été des passionnés. Et lorsque la sagesse n'advient pas comme l'ultime ressac de la passion, elle est seulement une forme de mollesse, d'opportunisme et de conformisme.

L'Église chrétienne a souvent fait le choix de cette pseudo-sagesse contre celui de la passion. Dès qu'elle a pu, elle s'est institutionnalisée, dogmatisée et armée de façon à dominer les masses. Depuis ses origines, elle s'est alliée au pouvoir temporel[1].

---

1. Dès 66 après Jésus-Christ, les chrétiens ont refusé de s'allier aux juifs qui se révoltaient contre Rome, préférant une prudente neutralité. Ce qui, soit dit en passant, explique que, dans l'Évangile de Jean, Ponce Pilate soit présenté de manière si favorable à Jésus, alors que les juifs, eux, sont présentés de manière défavorable.

Et ce en contredisant la « passion » de Jésus-Christ[1], c'est-à-dire son message radical, utopique et fougueux. Oui, il faut le reconnaître, le christianisme s'est perverti dès qu'il a cessé d'être une passion prophétique. Dès qu'il a cessé d'être une subversion, il est devenu une oppression.

Mais peut-être a-t-il eu raison ! Oui, posons la question : le christianisme a-t-il eu raison d'opter pour cette pseudo-sagesse contre la passion ? La « Légende du Grand Inquisiteur[2] » de Dostoïevski pose ce problème dans toute sa radicalité.

Sous l'Inquisition, au XVe siècle, Jésus réapparaît à Séville et, de nouveau, comme il l'avait fait quinze siècles plus tôt, il prêche la passion, l'utopie, la liberté, le non-conformisme, le refus de l'installation bourgeoise. Certains le reconnaissent. Les cordonniers ferment leur échoppe, quittent femmes et enfants pour le suivre. Les banquiers distribuent leurs biens aux pauvres. Les gendarmes remettent leur épée au fourreau. C'est l'anarchie et le désordre. Le Grand Inquisiteur fait arrêter

---

1. En 314, l'empereur Constantin organise un synode pour mettre un terme à ce que nous appellerions l'objection de conscience qui était pourtant la règle chez les disciples de Jésus et les premiers chrétiens. Ce concile excommunie tout simplement les soldats qui refusent de faire le service militaire. *Cf.* J.-Cl. Guillebaud, *La Refondation du monde*, Le Seuil, 1999, p. 269.

2. Cette légende constitue un épisode des *Frères Karamazov*.

La sagesse ou la passion ? 267

Jésus et le fait conduire dans une geôle. Venu lui rendre visite, il lui dit : « Pourquoi reviens-tu nous troubler ? Nous avions assagi ton message ! Nous avions fait du christianisme un message utile à la quiétude de tous. Nous en avions fait une école de sagesse, de résignation, d'ordre public et sans doute de bonheur. Maintenant, enfin, les gens sont heureux et débonnaires. Si tu restes à Séville, ils deviendront pauvres, errants et fiévreux. La passion ne fait que du mal. Tu as eu ton temps. Mais maintenant, si tu souhaites que ton nom puisse continuer à être invoqué, il faut que tu nous laisses faire sans toi. Va-t'en ! » Et, ô surprise, Jésus, après avoir entendu le Grand Inquisiteur, « baise ses lèvres glacées [1] » et quitte la ville. Aurait-il compris que le Grand Inquisiteur avait raison ?

Le Grand Inquisiteur avait-il raison ? On peut aborder cette question de deux manières différentes.

Premièrement, un christianisme sage et apaisant est-il préférable à l'enseignement de Jésus-Christ, quelque peu anarchiste et déstabilisateur ? Il n'est pas facile de répondre à cette question, surtout si l'on veut être tout à fait honnête. C'est vrai que la foi telle que la prêche Jésus-Christ ne rend pas forcément heureux, alors que la sagesse telle que l'enseignaient les stoïciens ou l'Église au Moyen Âge pouvait sans doute y concourir. Reconnais-

---

1. Je cite Dostoïevski.

sons-le, pour ce qui est du bonheur, la sagesse, et surtout la pseudo-sagesse, vaut sans doute mieux que la passion.

Mais ce qui m'étonne, c'est ceci : s'il est vrai que la sagesse vaut mieux que la passion, pourquoi le christianisme, même en devenant une école de sagesse, a-t-il continué à vouloir se fonder sur la prédication passionnée de Jésus ? Pourquoi, par exemple, le pain eucharistique de la consolation et de l'ordre moral dispensé par l'Église a-t-il continué à être identifié au Corps du Christ déchiqueté par sa passion ? Je tente une réponse. C'est parce que, même si nous aspirons à la sagesse et au confort d'une vie médiocre mais tranquille, nous savons bien, au fond de nous-mêmes, que la vérité (oui, j'ose ce mot) et même la vraie vie sont du côté de l'héroïsme tragique et passionné. C'est pourquoi il fallait que la passion du Christ restât présente, de manière sous-jacente, sous l'opium dispensé par l'Église.

Deuxièmement, le Grand Inquisiteur a-t-il eu raison de dire que c'est en fait l'Église et sa sagesse qui ont sauvé et continuent à sauver de l'oubli Jésus-Christ et sa prédication passionnée ?

À première vue, oui ! En effet, il faut sans doute reconnaître que si nous pouvons, aujourd'hui encore, entendre la prédication de Jésus, avec sa radicalité révolutionnaire, c'est justement parce que l'Église a pu perdurer et, plus précisément,

La sagesse ou la passion ? 269

perdurer grâce aux reniements de ce même Jésus. Étrange paradoxe.

Mais en fait, il faut répondre non ! Car si nous pouvons encore entendre aujourd'hui la voix passionnée de Jésus-Christ, ce n'est pas à cause de la force des institutions et des inquisiteurs, mais bien plutôt grâce à quelques individus atypiques qui, au sein de l'Église (et quelquefois en dehors), ont continué à prêcher la passion subversive de Jésus. Les figures qui ont fait réellement perdurer l'esprit du christianisme, ce sont celles de saint François d'Assise, de sainte Thérèse de Lisieux, du Padre Pio et de Martin Luther King.

Si les Églises ont continué à véhiculer l'esprit des Béatitudes et la passion du Magnificat, elles l'ont fait malgré elles.

Si l'Évangile continue à être prêché aujourd'hui, c'est parce qu'il persiste à faire éclater la châsse où les Églises l'enferment. Jésus-Christ, ainsi que bien d'autres passionnés, continuent, aujourd'hui encore, à être crucifiés par la « sagesse » des institutions ecclésiastiques. Mais c'est sans doute à cause de cette crucifixion même que leur message continuera à ressusciter aux siècles des siècles.

Table ronde

Bouddha est-il le seul à nous apprendre à chevaucher nos passions ?

MARC DE SMEDT : Je ne crois pas. Tous les sages que j'ai été amené à étudier ou à rencontrer étaient avant tout des êtres humains et la beauté de leur chemin et de leur enseignement se trouvait dans leur humanité. Autant nous devons choisir une voie spirituelle dans laquelle nous saurons nous épanouir, autant nous devons rester ouverts aux autres voies, car elles peuvent nous apprendre beaucoup de choses. Elles font partie de notre patrimoine d'êtres vivants.

HUBERT BOST : On peut se demander si Jésus peut être considéré comme un maître de sagesse. Il faut distinguer Jésus qui parle, à la manière des rabbins de Palestine, et les chrétiens qui parlent de Jésus. Jésus qui parle porte en lui un message dont une partie relève de la sagesse. Pas tout, parce qu'une autre partie relève de la folie, de la dérai-

La sagesse ou la passion ? 271

son. Les chrétiens qui parlent de Jésus seront très sensibles non seulement au message de Jésus, mais aussi à ce qui lui est arrivé, à sa mort et à sa résurrection. Du coup, ils vont insister sur les contradictions, au regard de la raison, entre la sagesse de Dieu et sa folie.

La sagesse est-elle un don, une grâce, l'avantage de la vieillesse ou un cheminement ?

M. DE S. : Un proverbe zen dit : « Une journée, une vie. » La sagesse est chaque jour à recommencer.

JACQUES LACARRIÈRE : Pour moi, tout dépend de savoir si cette sagesse a ou non une majuscule. La Sagesse peut être un don. La sagesse, elle, ne peut être qu'un acquis de chaque jour.

ALAIN HOUZIAUX : C'est la passion qui est un don ! N'est pas passionné qui veut. C'est quelque chose qui vous tombe dessus, alors que la sagesse, on peut arriver un peu mieux à progresser, à l'apprendre. La passion ne peut pas être le fruit d'un apprentissage, hélas.

La passion est-elle un goût de l'absolu, ou de la souffrance et de la mort ?

J. L. : Sagesse et passion, je l'ai dit, sont en nous indissociables. Mais le mot « sagesse » a en soi quelque chose de rebutant, de difficile, d'ardu, peut-être même de stérile, qui l'isolerait totalement du monde. Ce n'est pas ainsi, pour ma part, que j'entends la sagesse. Elle peut être ressentie et recherchée comme un absolu, c'est-à-dire comme une voie permettant de changer radicalement sa vie ou en tout cas de l'enrichir, en surmontant ou congédiant les contraintes et limites imposées par la vie courante. Mais elle peut être aussi une forme d'excès ou d'orgueil, disons même de folie, si le souci de contrôler le soi devient omniprésent, devient un but en soi. La sagesse ne peut consister à faire de soi un être à part, isolé du monde et du reste des hommes, un ange prématuré ! Voir la sagesse comme une entité immobile, close, à l'écart de tout contact ou rapport avec la vie de chaque jour, ce serait la traiter comme un simple objet de musée, qu'on admire ou même qu'on peut vénérer mais qu'on ne peut jamais faire sien. La véritable sagesse n'est pas là. J'ai connu un sage dans ma vie, un homme qui en tout cas m'apparut véritablement comme tel. Il s'appelait Georges Ivanovitch Gurdjieff et il a même un temps défrayé la chronique parisienne d'après-guerre. Cet homme né dans les communautés gréco-turques du Caucase, qui parlait je ne sais combien de langues orientales et qui, des années durant, s'était initié à toutes les formes de sagesse qu'il rencontra au Proche-Orient et en Asie, cet homme dont l'enseignement fut souvent jugé d'une sévérité et d'une difficulté excessives, détenteur à mon sens d'une authentique connaissance, était en même temps un homme passionné. Passionné par la vie, par la moindre invention de la vie. Un sage ne peut être qu'un homme complet. On ne peut acquérir la sagesse en se mutilant ou en s'atrophiant. Mais je voudrais aussi ajouter ceci : la sagesse ne s'apprend pas et ne se transmet pas. Il est tout à fait intéressant et même plus qu'intéressant de se référer à Jésus, à Bouddha, à Confucius, à Socrate ou à Diogène, bref, à telle ou telle des grandes figures de jadis. Mais notre monde n'est plus du tout le leur, tout au moins quant aux voies possibles, celles qu'ils nous ont montrées ou conseillées sont multiples. Certaines sont toujours accessibles, d'autres me paraissent à jamais périmées. De plus, un enseignement n'est pas une dictée ou un ultimatum. Il n'a de sens que s'il est accepté, désiré, compris et, surtout, mis à l'épreuve. Cette mise à l'épreuve est essentielle car la sagesse ne se transmet pas de personne à personne, ou même de maître à disciple comme un gène ou comme un microbe. Nous ne sommes pas des robots qui devraient reproduire ou répéter à satiété des mots d'ordre, des directions, voire des directives que nous n'aurions pas d'abord assimilés, adaptés à notre mental et même à notre corps. Il faut comprendre ce que l'on fait et pourquoi on le fait.

H. B. : C'est l'opposition maintenue entre sagesse et passion qui est stérile. La sagesse a besoin de la passion. La passion a besoin de la sagesse.

On dit assez souvent que la passion abaisse, avilit, ou aveugle. Pourtant, Pierre Drieu la Rochelle dit : « Je n'ai jamais vu la dignité de l'homme que dans la sincérité de ses passions. » La dignité est-elle plus du côté de la sagesse ou de la passion ?

M. DE S. : Je ne me pose pas ce genre de question. Il faut réussir à mener une vie de plénitude ; c'est là que réside la dignité. Et c'est un recommencement permanent. Nous savons bien que nous sommes nouveaux chaque jour, et à la fois les mêmes. Et nous connaissons trop bien les forces contradictoires qui nous habitent pour ne pas essayer de nous hausser au-dessus de nos faiblesses. Mais ce qui m'intéresse est un travail pragmatique. J'aime bien l'exemple du verre d'eau boueuse. Nous sommes tous des verres d'eau boueuse, habités par un *tohu-bohu*, un déferlement constant de pensées. Notre mental est surchargé, pollué. On parle peu de la pollution psychique, c'est dommage ! Nous sommes de la boue ambulante. L'important réside dans le travail intérieur qu'on va réussir à faire : comment rendre cette eau plus claire. C'est là que je vois la dignité de l'être humain. En Orient, on dit qu'il faut appliquer une technique, la méditation par exemple, et peu à peu l'agitation interne se dépose, et l'eau claire va apparaître. La conscience s'éclaircit. Mais la boue ne disparaît pas. Elle s'est seulement déposée. Elle ne nous envahit plus, en étant partout. Nous ne sommes

La sagesse ou la passion ? 275

donc plus noyés dans nos passions, et nous y voyons plus clair. À partir de ce moment-là, la fleur de lotus, symbole de la sagesse pour l'Orient, peut éclore. C'est sur la boue de nos passions, sur le travail que nous avons fait sur elles, comme sur la clarté de la conscience qui en découle, que la sagesse peut apparaître.

A. H. : J'ai l'impression que lorsque je laisse la boue se déposer en moi, elle ne se dépose pas. Et lorsque je suis tranquille, le plus méditatif, la vacuité qui se fait en moi ressemble à un vide-ordures. Des tas de choses très chaotiques passent en moi. En revanche, si je suis très obnubilé par quelque chose que je désire, ou par un travail dans lequel je suis très absorbé, c'est alors que je deviens absent de moi-même ; je ne suis plus qu'identifié à ce qui me passionne et je suis pris par une sorte de vertige et je disparais de moi-même. Ce n'est qu'à ce moment-là que je peux comprendre le fait d'être désempli de soi, et de la boue qu'il y a en moi. Qu'en pensez-vous ?

M. DE S. : Un disciple demande au maître : « Qu'est-ce que le zen ? » – je vous rappelle que *zen* signifie « méditation ». Le maître répond : « Un bâton à merde. » Vous voyez, on n'est pas très loin du vide-ordures ! À part que la méditation sert à nettoyer (comme le bâton avant l'invention du papier toilette) la merde intérieure.

H. B. : Pour transcrire la métaphore dans le langage de l'Évangile chrétien, on peut dire que nous sommes des verres d'eau boueuse que Dieu décide de regarder comme des verres d'eau limpide.

J. L. : L'image de l'eau boueuse, de la « soupe primitive » où la vie aurait pris naissance sur la terre me fait penser à un mythe égyptien qui n'est pas éloigné de notre sujet. C'est le mythe des larmes du dieu Atoum.

« Au début, il n'y avait rien sur la terre, ni lumière, ni sol, ni temps. Rien qu'une sorte d'abîme liquide, d'eau limoneuse et infinie. Et tout resta ainsi pendant longtemps, un temps fatalement indéterminé puisque le temps n'existait pas encore, jusqu'au moment où, de par sa propre volonté, un être à forme humaine émergea de cette boue liquide. Il était immense, avec des cornes de bélier enroulées à la place d'oreilles. Aussitôt émergé, il prononça son nom à voix forte et cria : ATOUM ! »

Pour les Égyptiens, chaque voyelle et consonne était comme une vibration, une onde créatrice, si bien qu'au moment même où le dieu prononça son nom, la lumière se fit sur le monde.

« Alors, il répéta son nom et peu à peu, à mesure qu'il le répétait, un tertre de sable émergea de l'onde, un lotus y poussa et s'y épanouit, des poissons naquirent dans l'eau devenue fleuve, puis des oiseaux, des reptiles, des mammifères qui se répandirent sur le tertre. Atoum, alors, contempla son œuvre et vit devant lui un paysage luxuriant, fait de lotus, de papyrus, de sycomores et de milliers d'animaux nageant, volant, courant. Pourtant, il demeura insatisfait, comme si quelque chose ou quelqu'un manquait à cette création, sans qu'il sache quoi au juste. Dans sa tristesse et son désarroi, il se mit à pleurer et c'est alors qu'on assista à ce miracle : les larmes tombées de son œil gauche enfantèrent une femme qui émergea de l'eau, et celles tombées de son œil droit un homme qui émergea lui aussi. Le premier couple humain venait de naître. Et c'est ainsi que le monde se fit. »

Que veut nous dire, inconsciemment, ce mythe ? Que le monde n'a pas de sens si l'homme n'y est pas. Ce mythe vieux de milliers d'années, conçu sur les rives du Nil, nous dit, déjà, que l'homme est indispensable au monde. Indispensable à son équilibre et à son harmonie. Je ne connais pas beaucoup de mythes anciens aussi réjouissants !

H. B. : Je reviens à la question posée. La question de la dignité est pertinente. Je vois un point d'impact de cette question à propos de la sexualité et de la conjugalité. Au Ier siècle de l'Église chrétienne, il y a eu une forte tendance à une sagesse qui aurait pu basculer dans l'ascétisme, dans le célibat et l'abstinence, au nom même d'une sorte de pureté. Mais il y a eu aussi une forte implication du message chrétien dans la conjugalité, au point de voir dans le couple l'image même de l'alliance que Dieu passait avec son peuple. La dimension de dignité est ici à coup sûr du côté de la passion amoureuse. Mais elle avait à être régulée, c'est pourquoi le christianisme a tant sécrété de discours sur le mariage.

Jacques Lacarrière, le mot salut a-t-il un sens pour vous ?

J. L. : Dans son sens chrétien, il n'a pas de sens car je ne crois pas qu'il y eut à nos origines un péché originel, et que nous ayons quoi que ce soit à racheter. Nous n'avons donc pas à être sauvés mais à nous sauver, si nous estimons ou ressentons que nous devons acquérir des qualités, des possibilités, des pouvoirs mentaux que nous n'avons pas. Je pense que le salut, c'est de vivre au milieu des autres et, en les rencontrant, de s'accomplir comme être humain. Pour ma part, je n'ai jamais trouvé que le fait de vivre en ermite pouvait vous amener à une quelconque sagesse.

Le XXIe siècle sera-t-il sagesse ou passion ?

H. B. : Qui le sait ? On ne peut que souhaiter un siècle plus sage, si la sagesse s'oppose à l'horreur. Et on ne peut que souhaiter un siècle plus passionné, si la passion est une capacité à aller vers l'autre.

La sagesse ou la passion ?

M. DE S. : En effet, les problèmes ne sont pas près de s'arranger. Que ce soit la surpopulation, le fanatisme, la pollution, le plus grave est certainement à venir. Il y a urgence de sagesse. Il y a aussi des ouvertures fantastiques en termes de dialogue entre les cultures, les religions et les gens, tous ceux qui vont petit à petit reconnaître qu'ils occupent le « vaisseau spatial Terre », comme le dit Edgar Morin.

J. L. : Ce que je vois de plus encourageant et de plus concret, ce sont les satellites artificiels ! Ils font le tour de notre Terre en permanence, abolissant toute frontière physique, géographique et historique entre les habitants de la planète. Désormais, le monde entier est relié à ses différentes composantes, à ses différents habitants, et ce en permanence. Ces anges d'un genre nouveau ont modifié notre conception de l'espace et aideront à supprimer les cloisons étanches existant jusqu'à aujourd'hui – les mille rideaux de fer ou de bambou – qui ont empêché les hommes de se rencontrer et de se mieux connaître.

« Les croyants d'aujourd'hui s'éloignent des voies logiques de la découverte de Dieu. Ils s'attachent de plus en plus à une approche passionnelle de la foi, et ils ont raison », dit Jean Hamburger. Que faire de l'émotion ?

J. L. : L'émotion est à l'être humain ce que la source est au fleuve, la chaleur à la plante. C'est une donnée première, antérieure à la raison qui, elle, ne vient qu'avec l'âge et l'éducation. L'émotion est la première forme de notre rapport au monde, avant même, très souvent, la conscience. Elle naît avec notre premier cri et demeure le socle de tout ce qui, plus tard, peut se muer en vision cohérente, en construction mentale.

Pourquoi dit-on aux enfants d'être sages et jamais d'être passionnés ?

H. B. : C'est parce que la passion comme l'émotion sont spontanées, et qu'il n'y a pas besoin de les demander pour qu'elles existent. La sagesse qu'on demande à ces enfants qui nous font peur quand ils sont trop passionnés, pas assez sages, régule une énergie jugée trop forte pour l'enfant et pour ses parents. De la passion, il en a toujours.

M. DE S. : Nous vivons dans une culture qui ne privilégie pas le silence. La culture musulmane connaît la valeur du silence, ainsi que toutes les cultures orientales. On voit combien sont déroutés les Occidentaux devant les silences des Japonais, qui peuvent être très conviviaux. Nous, dès qu'il y a un silence, on dit : « Un ange passe. » C'est beau, un ange qui passe ! Nous, on sort la mitraillette à paroles, et on tire sur l'ange ! Dans un monde de plus en plus bruyant et agité, il est important d'apprendre à nos enfants la valeur du silence et du calme en soi.

CONCLUSION

Y a-t-il une morale chrétienne ?

par Alain Houziaux

Il faut clairement distinguer la morale de la religion. La plupart des religions n'ont pas de dimension éthique. Le champ de la religion, c'est celui du rituel, du sacré, de la pureté, de la mystique, ce qui n'a rien à voir avec la morale. La morale est une composante du fait humain et non du fait religieux. Elle est de l'ordre des mœurs et non de la foi. « La morale n'est pas un ordre venu du dehors, même du ciel, c'est la voix de la raison humaine, même si celle-ci est reconnue, après coup, par certains, comme une voix divine[1]. » La morale, c'est un fait naturel[2] (par opposition à surnaturel). La

---

1. A.D. Sertillange, *Philosophie morale de saint Thomas d'Aquin*, I, 96, 2ᵉ éd.
2. « Naturel » peut être opposé à : « acquis », « réfléchi », « contraint », « artificiel », « affecté », « humain », « divin », « révélé », « surnaturel », « culturel ». *Cf. Vocabulaire de la philosophie*, Lalande. Ici nous opposons « naturel » à « surnaturel » et « religieux », et non pas à « culturel ».

morale, c'est le propre de l'homme, même si ses formes dépendent non seulement de sa nature mais aussi de sa culture.

La morale a pour objet le bien et le mal. Et le bien et le mal ne sont pas des valeurs religieuses, mais simplement des valeurs humaines. Rendons à César ce qui est à César. Il n'est pas nécessaire d'être croyant pour être moral, Dieu merci ! Tout homme a une connaissance de ce qu'est le « bien » et le « mal ».

Ainsi, il n'y a pas une morale « chrétienne » qui serait différente de la morale laïque et naturelle. Il n'y a pas de morale judéo-chrétienne. L'amour, et même l'*agapé*, c'est-à-dire l'amour gratuit, n'est pas l'apanage du christianisme, mais relève de la dignité de l'homme et d'une exigence universelle.

Et pourtant, il faut le reconnaître, la morale de notre civilisation s'est formée sur l'influence du judaïsme et du christianisme. Cela semble contredire le point précédent, mais en fait il n'en est rien. Pour tenter de préciser les relations complexes entre le judéo-christianisme et la morale, on peut reprendre la métaphore du conte d'Andersen *Le Vilain Petit Canard*[1]. Le judaïsme et le christianisme ont donné naissance à la morale

---

1. Je reprends ici une idée de Xavier Le Pichon qui utilise cette métaphore non pas à propos de la morale mais de la science. *Cf. Les Grandes Inventions du christianisme*, dir. René Rémond, Bayard, 1999.

un peu comme les canards du conte ont couvé l'œuf du cygne. Le judéo-christianisme a couvé et élevé la morale, mais la morale n'est pas née du judéo-christianisme. Elle est le « vilain petit canard » du judéo-christianisme.

La religion n'est donc en rien la mère de la morale. Et le fait d'être « religieux » n'implique pas que l'on soit « moral ». Il se peut même que le sentiment religieux soit si fort et si exclusif qu'il oblitère le sens moral naturel (le fanatisme religieux en est un exemple). On peut même ajouter que, dans une société donnée, la morale prend de l'importance précisément lorsque la religion et le surnaturel se perdent – et peut-être même parce qu'ils se perdent (c'est sans doute ce qui se passe en ce moment). C'est pourquoi la morale peut apparaître comme un héritage du sentiment religieux, alors que, en fait, elle n'est qu'un substitut du sentiment religieux lorsque celui-ci disparaît.

On peut dire en effet que la morale est ce qui reste de la religion quand il n'y a plus de religion. Tentons de voir pourquoi.

« La morale, c'est ce qui reste de la peur quand on l'a oubliée[1]. » La peur est une caractéristique fondamentale de la religion. Cette peur, c'est la peur de Dieu et de son jugement. Et elle a pour *avatar*[2] le sens moral lorsque la religion se perd,

---
1. Jean Rostand, *Pensées d'un biologiste*, Stock, 1954.
2. Mot sanscrit à comprendre dans le sens de « réincarnation ».

c'est-à-dire lorsque la peur de Dieu se perd. En effet, le désir de se conduire de manière morale procède d'une forme de crainte – la crainte de démériter, de ne pas faire son devoir, d'être mal jugé. Cette crainte peut être considérée comme une rémanence du sentiment religieux.

Deuxième point : la morale, c'est aussi ce qui reste du commandement religieux de l'amour et du sacrifice de soi lorsqu'il n'est plus considéré comme un absolu. Le commandement de l'amour gratuit et du sacrifice de soi est une prescription de la religion et en particulier de la religion chrétienne. Mais si cette prescription religieuse perd son caractère absolu et sacrificiel (par exemple parce qu'elle est jugée masochiste et culpabilisante), l'exigence morale prend le relais. La morale appelle à un ersatz de l'amour : « La morale est un semblant d'amour : agir moralement, c'est agir comme si l'on aimait [1]. »

Troisième point : la morale, c'est encore ce qui reste de la prédication de Jésus-Christ, lorsqu'on a oublié son sens et sa radicalité iconoclaste. Certes, la prédication de Jésus-Christ, c'est l'antimorale, c'est l'absolution de l'immoralité, puisque c'est l'annonce de la miséricorde et du pardon de Dieu pour les pécheurs. Certes, dans la prédication de Jésus, la loi morale est là pour démontrer au

---

1. André Comte-Sponville, *Petit traité des grandes vertus*, PUF, 1995.

pécheur son péché afin d'aiguiser son appel à la grâce et au pardon de Dieu. Mais lorsqu'on oublie que la prédication de Jésus est celle de la grâce, on la comprend seulement comme une forme de morale. Ainsi, la morale est un substitut, en contrepoint, de la prédication de la grâce.

Enfin, la morale, c'est ce qui reste de la foi quand on l'a perdue. La foi se moque de la morale, car elle est de l'ordre de la passion et de la dénégation des règles et des sagesses de ce monde. Mais la foi, lorsqu'elle perd sa radicalité passionnelle, se transforme en morale et en réflexion sur le bien et le mal. Le récit biblique de la « chute » (c'est-à-dire de la consommation par Adam et Ève du fruit de l'Arbre de la connaissance du bien et du mal) le montre bien. En effet, ce récit va même jusqu'à considérer que la tentation de vouloir connaître ce qui est le bien et le mal constitue la première désobéissance à Dieu. On ne peut différencier plus nettement la morale de la religion.

Et pourtant, c'est vrai, la morale, la nôtre, celle du monde occidental, celle des droits de l'homme, est enfant du judéo-christianisme. Mais uniquement comme le petit cygne est un « enfant » des canards.

On pourrait peut-être même dire que le judéo-christianisme a couvé des œufs qui ne sont pas les siens faute peut-être de pouvoir pondre et couver des œufs qui lui soient propres ! Le judéo-christianisme, peut-être justement parce qu'il est stérile, s'est résigné à couver des « vilains petits canards ». Ce sont la science (dont le christianisme a légitimé le caractère laïque et profane[1]), et aussi les droits de l'homme qui peuvent être considérés comme un avatar de la loi de Moïse, et aussi la morale qui peut être considérée comme un substitut casuistique de l'exigence du pur amour, du sacrifice parfait et total.

Mais depuis quelque temps, le judéo-christianisme a une attitude ambivalente vis-à-vis de ces « vilains petits canards » qu'elle a couvés, et spécialement vis-à-vis de la morale.

Depuis peu, catholiques et protestants sont tombés d'accord pour dire que l'homme est justifié par la grâce seule. S'il en est ainsi, c'est donc qu'il ne l'est pas par ses mérites ni par son attitude morale. Le fait d'agir moralement n'est plus considéré comme la condition nécessaire du salut.

Dans ce cas, quelle place peut-on faire à la morale ?

Certains diront que le chrétien doit tenter de vivre de manière morale par reconnaissance (envers Dieu) pour la justification par la grâce seule qui lui a été accordée (indépendamment de ses mérites et de sa conduite morale). Il nous faudrait donc vivre

---

[1]. Parce que celui-ci a été désacralisé par le judéo-christianisme.

de manière morale par reconnaissance envers Dieu, et ce alors même que la justification et le salut nous ont été accordés par grâce (c'est-à-dire même si nous sommes immoraux, et peut-être même parce que nous sommes immoraux).

D'autres diront que le chrétien doit tenter de vivre de manière morale non pour des raisons religieuses (et individuelles), mais pour des raisons profanes (et sociales). Pour être chrétien, on n'en est pas moins homme. Mais ceci n'a pas à être compris comme une forme de concession à la chair, mais comme une place légitime donnée à l'homme profane. En effet, en accord avec la « théologie des deux règnes », c'est la foi elle-même qui reconnaît la pleine légitimité et la pleine indépendance du règne du profane dont fait partie la morale. Et c'est pour faire honneur au fait que nous sommes « hommes » et à cette dignité laïque, naturelle et profane, que le chrétien doit tenter de vivre de manière morale.

Pour ma part, je prendrai une position intermédiaire. J'ai dit qu'il n'y a pas de morale judéo-chrétienne, mais une morale sociale et naturelle, laïque et profane. Mais il y a une manière chrétienne de vivre cette morale naturelle et non chrétienne. Cette modalité « chrétienne », c'est celle de la gratuité. C'est pour rien, gratuitement et sans raison que nous avons à tenter de vivre de manière morale. Je sais bien que « pour rien » et « pour Dieu » sont très proches. Mais à tout prendre, je préfère « pour rien ». Car faire quelque chose à la seule gloire de Dieu (*soli Deo gloria*), c'est le faire « pour rien » en ce qui concerne ce monde. C'est le faire pour rien, sans en retirer aucun profit.

Car la foi, Simone Weil le dit clairement, c'est non pas ce qui donne une raison d'être à la vie, au travail, à la souffrance et à la morale, mais c'est ce qui nous *dispense* de chercher une raison d'être à la vie, au travail, à la souffrance et à la morale [1]. Puisque nous savons que nous sommes justifiés par grâce, nous sommes libérés de la préoccupation d'avoir à donner un sens et une raison d'être à la vie et à la morale. Le chrétien accepte le « pour rien », le « sans raison » et même l'absurde de l'exigence morale. Il fait de la gratuité sa réponse à la grâce. « Puisque nous avons reçu gratuitement, donnons gratuitement [2]. » Donner gratuitement, c'est vivre de manière morale, gratuitement, sans raison.

Ce serait se méprendre que de croire qu'il faut tenter de vivre de manière morale par reconnaissance pour la justification par la grâce qui nous a été octroyée. Il n'en est rien. La seule réponse cohérente avec le fait que nous sommes justifiés par la grâce seule, c'est l'acceptation du fait qu'il

---

1. « Que la lumière éternelle donne, non pas une raison de vivre et de travailler, mais une plénitude qui dispense de chercher cette raison » (Simone Weil, *La Pesanteur et la Grâce*, Plon, 1948, p. 206).
2. Matthieu 10, 8.

nous faut vivre, agir et être moral sans aucune raison, sans aucune justification.

Pour conclure, je voudrais revenir sur un point. Je l'ai dit, le christianisme, depuis quelques décennies, a entrepris de renier le « vilain petit canard » de la morale qu'il a pourtant couvé et fait naître. Et il n'y est pas allé de main morte ! Il s'est débarrassé, à tort à mon avis, des notions de péché, de culpabilité, de moralité, d'examen de conscience, de confession des péchés. Et un peu trop vite à mon sens.

En effet, à mon avis, le christianisme ne doit pas renier la morale. Je voudrais dire pourquoi en donnant des raisons qui sont plutôt d'opportunité historique.

Le christianisme authentique est peut-être en train de mourir. La religion du XXIe siècle ne sera pas le christianisme, en tout cas pas celui de Jésus-Christ, le doux prophète de Galilée qui prêche la grâce pour les pécheurs. La religion du XXIe siècle sera peut-être celle du fanatisme, du totalitarisme et de l'intégrisme ou celle d'une sorte de religiosité *soft*, syncrétiste et vaguement épicurienne. Dans l'un et l'autre cas, il n'est pas certain que la morale, et spécialement la morale de l'amour gratuit et du renoncement à soi-même, ait une place assurée. Et peut-être regrettera-t-on au XXIe siècle que le christianisme ait renié son vilain petit canard de morale qui aurait pu être son seul héritage, sa seule survivance dans un monde déchristianisé, paganisé et fanatisé.

À mon sens, ce qui doit rester du judéo-christianisme authentique, même si celui-ci venait à disparaître en tant que foi en la Grâce, c'est le sens de la gratuité, du « pour rien », du « à la seule gloire de Dieu ». Et en particulier le sens d'une morale « pour rien », « pour l'absurde [1] ». Si ce sens du « pour rien » se meurt lui aussi, la morale deviendra un outil comme un autre au service du profit, de la réussite et de la promotion personnelle. Dans les entreprises, on enseigne déjà qu'il faut être moral parce que, en fin de compte, « ça paie ».

Je crains que le sens de la gratuité et du « pour rien » ne soit en train de se perdre. Et je ne voudrais pas qu'il en soit ainsi. Pour moi, le propre de l'homme, sa dignité propre, c'est l'aptitude à la gratuité, au « pour rien », au « même si c'est absurde ». Il me semble indispensable que l'attitude morale reste une attitude désintéressée, gratuite, pour l'honneur de l'homme, à défaut de pouvoir rester « pour l'honneur de Dieu ».

Si nous n'avions à retenir qu'une seule chose de la prédication chrétienne, je voudrais que ce soit le sens de la gratuité. Et même si le *credo quia absurdum* [2] de la foi judéo-chrétienne venait à disparaître, je voudrais que, néanmoins, persiste, après lui, un « je veux rester un être moral, même si c'est absurde, parce que c'est absurde ».

---

1. *Cf.* A. Houziaux, « L'absurde et la grâce », in *Études théologiques et religieuses*, janvier 2000.
2. « Je crois parce que c'est absurde » (Tertullien).

BIBLIOGRAPHIE

Ont été publiés précédemment sous la direction d'Alain Houziaux :

La religion, les maux et les vices, Presses de la Renaissance, 1998. Avec Jacques Attali, Jean-Denis Bredin, Jacques Duquesne, Josy Eisenberg, Claude Geffré, Julia Kristeva, Jacques Lacarrière, Jean d'Ormesson, Paul Ricœur, Jean-Didier Vincent.

Le citoyen, les pouvoirs et Dieu, Les Bergers et les Mages, 1998. Avec Jacques Attali, François Bayrou, Gilles Bernheim, Mgr Olivier de Berranger, Jean Boissonnat, Rony Brauman, Jean-François Burgelin, Jean-Baptiste de Foucauld, Mgr Jacques Gaillot, Antoine Garapon, Hélie de Saint-Marc, Louis Schweitzer, Alain Touraine.

Jésus, de Qumrân à l'Évangile selon Thomas, Bayard-Centurion, 1999. Avec Jean-Daniel Dubois, Pierre Geoltrain, Charles Perrot, Claude Tassin.

Sciences et conscience, revue *Question de*, Albin Michel, 1999. Avec Anne Dambricourt-Malassé, Pierre Gisel, Abd al-Haqq Guiderdoni, Rémy Lestienne, Jean-Marc Lévy-Leblond, Gustave Martelet, Basarab Nicolescu, Louis Pernot, Francisco Varela, Jean-Didier Vincent.

A-t-on encore besoin d'une religion ?, éd. de L'Atelier, 2003. Avec Bernard Feillet, Alain Rémond, André Comte-Sponville.

Ainsi que tous les ouvrages de la collection « Question de vie », aux éditions de L'Atelier.

Présentation des auteurs

JACQUES ATTALI

Membre du Conseil d'État. Il a notamment publié *Dictionnaire du XXIe siècle*, Fayard, 1998 ; *Fraternités*, Fayard, 1999 ; *Chemins de sagesse*, LGF, 1998.

GILLES BERNHEIM

Auteur de *Un rabbin dans la cité*, Calmann-Lévy, 1997.

HUBERT BOST

Professeur d'histoire de la théologie à la Faculté de théologie protestante de Montpellier. Il dirige la revue *Études théologiques et religieuses*.

Luc Ferry

Ancien ministre de l'Éducation nationale. Directeur de la collection « Le collège de philosophie » aux éditions Grasset et auteur de : *Apprendre à vivre*, Plon, 2006 ; *Comment peut-on être ministre ?*, Plon, 2005 ; *Le religieux après la religion*, Grasset, 2004.

Éric Fuchs

Auteur notamment de *Tout est donné, tout est à faire*, Labor et Fides, 1999 ; *Le Désir et la Tendresse*, Albin Michel, 1999.

André Gounelle

Auteur de *Le Dynamisme créateur de Dieu. Essai sur la théologie du Process*, Van Dieren, 2000 (nouvelle édition) ; *La Mort et l'au-delà*, Labor et Fides, 1998 ; *Parler de Dieu*, Le Foyer de l'aine, 1997 ; *La Cène, sacrement de la division*, Les Bergers et les Mages, 1996 ; *Protestantisme*, Publisud, 1992 ; *Le Christ et Jésus*, Desclée de Brouwer, 1990.

Guy Gilbert

Prêtre éducateur depuis trente-cinq ans. Donner l'espérance et la passion de vivre aux enfants qui poussent mal et accomplir cette mission en Église sont les deux vocations qui lui donnent une formidable joie. Il est notamment l'auteur de *Passeurs de l'impossible*, Stock, 2000, et de *Cris de jeunes*, Salvator, 1999.

ALAIN HOUZIAUX

Pasteur à l'Église réformée de l'Étoile, docteur en philosophie et en théologie, Alain Houziaux est l'auteur entre autres de *Le Désir, l'arbitraire et le consentement*, Aubier-Montaigne, 1973 ; *La Vérité, Dieu et le monde*, L'Âge d'Homme, Lausanne, 1988 ; *Le Tohu-Bohu, le Serpent et le Bon Dieu*, Presses de la Renaissance, 1997.

PIERRE JOXE

Premier président de la Cour des comptes. Il est l'auteur de *L'Édit de Nantes*, Hachette littératures, 1998, et de *À propos de la France* (entretiens), Flammarion, 1998.

JEAN-FRANÇOIS KAHN

Journaliste, Jean-François Kahn a créé *L'Événement du Jeudi* et *Marianne*. Il est l'auteur de *La Guerre civile*, Le Seuil, 1982 ; *Les Français sont formidables*, Balland, 1987 ; *De la Révolution*, Flammarion, 1999.

Jacques Lacarrière

Écrivain, poète et helléniste, Jacques Lacarrière a publié plusieurs ouvrages sur les religions et la spiritualité orientales, les mythologies, la nature et l'écologie, dont récemment *Le Livre des genèses*, Philippe Lebaud, 1999 ; *Marie d'Égypte ou le désir brûlé*, Le Seuil, 1999 ; *Un jardin pour mémoire*, NiL, 1999 ; *Les Gnostiques*, Albin Michel, rééd. 2005 ; *Dans la forêt des songes*, NiL, 2005.

Ghislain Lafont

Auteur de *Dieu, le Temps et l'Être*, 1986 ; *Histoire théologique de l'Église catholique*, 1994 ; *Imaginer l'Église catholique*, 1995 ; *La Sagesse et la Prophétie*, 1999 (Le Cerf).

Général de La Presle

Général d'armée (C.R.). Saint-cyrien (1957-1959), il a notamment servi dans les troupes aéroportées et à la Légion étrangère en Algérie (1960-1964). Il a commandé un régiment de Légion étrangère au Liban (1983) et la Force de protection des Nations unies en ex-Yougoslavie (de mars 1994 à février 1995). Gouverneur des Invalides depuis 1997.

Christine Ockrent

Journaliste. Elle a publié entre autres *L'Europe racontée à mon fils*, LGF, 1999, et *La Mémoire du cœur*, LGF, 1998.

Jean-Louis Schlegel

Responsable du secteur des livres religieux aux éditions du Seuil, conseiller de la direction de la revue *Esprit*. Il est l'auteur de *Religions à la carte*, Hachette, 1995, et de nombreux articles sur la situation actuelle du christianisme.

Marc de Smedt

Éditeur, directeur de la revue *Nouvelles Clés*, il est aussi l'auteur de *Éloge du silence*, 2004, *Le Rire du Tigre*, 2005 et de *La Clarté intérieure*, 1994 (Albin Michel).

Ysé Tardan-Masquelier

Historienne des religions, Ysé Tardan-Masquelier est chargée de cours (notamment sur l'hindouisme) à la Sorbonne et professeur à l'Institut catholique.

Elle a codirigé l'*Encyclopédie des religions*, Bayard, 1997, et a publié *Jung et la question du sacré*, Albin Michel, 1998 ; *Le Yoga, une sagesse*, Plon, 1995 ; *L'Hindouisme*, Bayard, 1999 ; *L'Esprit du yoga*, Albin Michel, 2005.

MICHEL TOURNIER

Écrivain, Michel Tournier a publié des romans, dont notamment *Vendredi ou les limbes du Pacifique* (Grand Prix du roman de l'Académie française en 1967), *Le Roi des Aulnes* (prix Goncourt en 1970), *Vendredi ou la vie sauvage* ; des essais : *Le Vent Paraclet*, *Le Vol du vampire*, *Le Miroir des idées*, *Célébrations* (2000), etc. ; des contes et des nouvelles : *Le Coq de bruyère*, *Le Médianoche amoureux*. Michel Tournier fait partie de l'Académie Goncourt depuis 1974.

« *Espaces libres* »

au format de poche

DERNIERS TITRES PARUS

120. *Religions en dialogue*, de J. MOUTTAPA.
121. *Le Courage de se libérer*, de P. et P. FENNER.
122. *Histoire des dalaï-lamas*, de R. BARRAUX.
123. *Du Sahara aux Cévennes*, de P. RABHI.
124. *Aux sources du zen*, d'A. LOW.
125. *Le Curé de Nazareth*, d'H. PROLONGEAU.
126. *L'Évangile d'un libre penseur*, de G. RINGLET.
127. *Le Courage de vivre pour mourir*, de N. MASSON-SEKINÉ.
128. *Quand la conscience s'éveille*, d'A. DE MELLO.
129. *Les Fables d'Ésope*, de J. LACARIÈRE.
130. *L'Esprit des arts martiaux*, d'A. COGNARD.
131. *Sans les animaux le monde ne serait pas humain*, de K.L. MATIGNON.
132. *L'Arc et la Flèche*, d'A. DE SOUZENELLE.
133. *Adieu, Babylone*, de N. KATTAN. Préface de M. TOURNIER.
134. *Le Gardien du feu*, de P. RABHI.
135. *La Prière parallèle*, de C. PAYSAN.
136. *Dieu a changé d'adresse*, d'O. VALLET.
137. *La Danse de la réalité*, d'A. JODOROWSKV.
138. *Le Courage de changer sa vie*, d'A. DUCROCQ.
139. *Le Maître de nô*, d'A. GODEL.
140. *Les Fleurs de soleil*, de S. WIESENTHAL.
141. *Khalil Gibran*, de J.-P. DAHDAH.
142. *Ces ondes qui tuent, ces ondes qui soignent*, de J.-P. LENTIN.
143. *Les Dix Commandements intérieurs*, d'Y. AMAR.
144. *Guérir l'esprit*, collectif avec J.-Y. LELOUP, F. SKALI, Lama D. TEUNDROUP.
145. *La Quête du sens*, ouvrage collectif.
146. *La Foi ou la nostalgie de l'admirable*, de B. VERGELY.
147. *Traversée en solitaire*, de M.-M. DAVY.
148. *Éloge de la fragilité*, de G. RINGLET.
149. *L'Échelle des anges*, d'A. JODOROWSKY.
150. *Petite grammaire de l'érotisme divin*, d'O. VALLET.

151. *La Troisième Voie*, de D.E. Harding.
152. *Le Rire du tigre*, de M. de Smedt.
153. *L'Effort et la Grâce*, d'Yvan Amar.
154. *Appel à l'amour*, d'A. de Mello.
155. *L'Homme intérieur et ses métamorphoses*, de M.-M. Davy.
156. *Dictionnaire de la symbolique des rêves*, de G. Romey.
157. *Le Christianisme en accusation*, de R. Rémond et M. Leboucher.
158. *Entre désir et renoncement*, M. de Solemne avec J. Kristeva, R. Misrahi, S. Germain et D. Rimpoche.
159. *Sadhana, un chemin vers Dieu*, d'A. de Mello.
160. *L'Amour comme un défi*, de S. Rougier.
161. *Du bon usage de la vie*, de B. Besret.
162. *La Grâce de solitude*, M. de Solemne avec C. Bobin, J.-M. Besnier, J.-Y. Leloup et Th. Monod.
163. *Le Meneur de lune*, de J. Bousquet.
164. *Vivre l'islam*, du Cheikh K. Bentounès.
165. *Méditation et psychothérapie*, ouvrage collectif.
166. *Les Échos du silence*, de S. Germain.
167. *Aimer désespérément*, M. de Solemne avec A. Comte-Sponville, É. Klein, J.-Y. Leloup.
168. *Entre sagesse et passions. Les conflits de la morale*, ouvrage collectif dir. par Alain Houziaux.
169. *Écologie et spiritualité*, ouvrage collectif.

Composition Nord Compo
Impression Bussière, mai 2006
Éditions Albin Michel
22, rue Huyghens, 75014 Paris
www.albin-michel.fr

ISBN 2-226-17281-5
ISSN 1147-3762
N° d'édition : 24358. – N° d'impression : 061895/1.
Dépôt légal : juin 2006.
Imprimé en France.